Em que acreditam os astrólogos?

Nicholas Campion

Em que acreditam os astrólogos?

Tradução de
Ângela do Nascimento Machado

Revisão técnica de
Max Klim

CIVILIZAÇÃO BRASILEIRA

Rio de Janeiro
2010

Publicado originalmente em inglês por Granta Publications, sob o título *What do astrologers believe?*

Copyright © Nicholas Campion, 2006
Os direitos morais do autor foram assegurados

Editor da série: *Tony Morris*

Capa: *Sérgio Campante*

CIP-BRASIL. CATALOGAÇÃO-NA-FONTE
SINDICATO NACIONAL DOS EDITORES DE LIVROS, RJ

C197e   Campion, Nicholas
Em que acreditam os astrológos? / Nicholas Campion; tradução Ângela do Nascimento Machado. –
Rio de Janeiro: Civilização Brasileira, 2010. – (Em que acreditamos?)

Tradução de: What do astrologers believe?
Contém glossário
Inclui índice
ISBN 978-85-200-0840-9

1. Astrologia. I. Título. II. Série.

09-0525
CDD: 133.5
CDU: 133.52

Todos os direitos reservados. Proibida a reprodução, armazenamento ou transmissão de partes deste livro, através de quaisquer meios, sem prévia autorização por escrito.

Este livro foi revisado segundo o novo Acordo Ortográfico da Língua Portuguesa.

Direitos desta tradução adquiridos pela
EDITORA CIVILIZAÇÃO BRASILEIRA
Um selo da
EDITORA JOSÉ OLYMPIO LTDA.
Rua Argentina 171 – 20921-380 – Rio de Janeiro, RJ –
Tel.: 2585-2000

Seja um leitor preferencial Record.
Cadastre-se e receba informações sobre nossos lançamentos e nossas promoções.

Atendimento e venda direta ao leitor:
mdireto@record.com.br ou (21) 2585-2002

Impresso no Brasil
2010

Para Tom, John Phil, Kath e Meg.

Sumário

Agradecimentos 9

1 Assim como é em cima, é embaixo 11
2 As origens da astrologia 29
3 Uma base filosófica 41
4 Uma finalidade prática 57
5 Interpretando os signos 81
6 Como usar a astrologia 105
7 No palco do mundo 127
8 A astrologia no século XXI 157

Notas 163
Glossário 167
Leituras adicionais 169
Índice remissivo 173

Agradecimentos

Agradeço ao Solar Fire e à Esoteric Technologies pelos horóscopos.

1

Assim como é em cima, é embaixo

A astrologia une céu e terra. Os astrólogos dizem muitas vezes que o céu é um "espelho" da vida na terra: quando o observamos, vemos o nosso próprio reflexo. Em sua raiz grega, *astro logos*, a astrologia significa literalmente "mundo das estrelas". *Logos* também pode ser traduzido como "razão", ou até "mente", implicando com isso uma inteligência ativa trabalhando no cosmo. A astrologia deve ser distinguida da astronomia, do grego *astro nomia*, que significa "a lei das estrelas", que se preocupa com as medições e movimentos das estrelas e dos planetas e com o estudo e a composição das suas origens físicas. A astrologia, diferentemente, lida com os efeitos, consequências ou significados das estrelas e planetas nos assuntos na Terra. Acima de tudo, a astrologia é a evidência da necessidade humana de buscar um significado para a vida.

A maioria das culturas possui uma tradição astrológica. A Babilônia — atual Iraque — e as civilizações perdidas dos maias e dos astecas na América Latina desenvolveram sistemas astrológicos altamente complexos. A Índia mantém sua própria tradição distinta e vigorosa, e partilhou o tema com seus primos ocidentais há dois mil anos. O sistema chinês, conhecido principalmente pela sua versão simplificada — os doze signos dos animais —, tem sido exportado com sucesso para o Ocidente nos últimos anos. Porém, a astrologia ocidental, com seus doze signos zodiacais, está aos poucos colonizando o mundo moderno como um tipo de Coca-Cola metafísica.

A crença de que o céu era um registro da vida na Terra foi sustentada pela maioria das civilizações antigas e pré-modernas, dos maias e astecas aos povos do Egito, Índia, China e sudeste da Ásia, e constituiu o núcleo da cosmologia europeia até o século XVII antes de ser banida pela revolução científica. Os templos astecas, monumentos egípcios e catedrais góticas eram frequentemente construídos com a entrada voltada para o leste e para o sol nascente, respeitando alinhamentos celestiais em suas estruturas.

EM QUE ACREDITAM OS ASTRÓLOGOS?

A Grande Pirâmide em Gizé, o mais famoso entre todos os monumentos egípcios, está voltada para o norte: as estrelas que circundam o Polo Norte nunca desaparecem do céu noturno, e por isso os antigos egípcios acreditavam que guardavam o segredo da eternidade. Na prática chinesa do Feng Shui, o sucesso de qualquer projeto depende da disposição dos objetos materiais nos ambientes — em nossas casas, em nossos móveis — que devem ficar alinhados com as energias sutis das montanhas ou rios, com o céu e com os pontos da bússola. O universo astrológico fornece um grupo de padrões dentro do qual eventos aparentemente casuais poderiam ser interpretados como obedecendo a um propósito. E ainda, o que o sociólogo Max Weber chama de "teodicidade" — eventos aparentemente inexplicáveis, bons ou ruins, podem parecer fazer sentido. Ela possibilita que as pessoas desenvolvam estratégias de sobrevivência, negociando com os céus para administrar os assuntos da vida diária.

A interdependência entre céu e terra foi registrada pela primeira vez no "Manual do Divinador", um texto composto por volta do ano 800 a.C. por um astrólogo babilônio. A tábua de argila descrevia como os "sinais na terra assim como aqueles no céu nos mostram os indícios". E prosseguia: "céu e terra ambos produzem presságios. Embora surgindo separadamente, eles não são separados (porque) céu e terra são interligados."[1] Os mesmos sentimentos foram repetidos na "Tábua das Esmeraldas", texto árabe atribuído ao deus egípcio Hermes Trismegisto: "O que está em cima é como o que está embaixo, e o que está embaixo é como o que está em cima, realizando os milagres do todo. Pois todas as coisas vieram do todo."[2] Em outras palavras, se a harmonia for preservada na terra, será mais fácil mantê-la no céu.

Hoje, a maioria das definições encontradas nos dicionários de astrologia faz referência à "influência oculta" dos planetas como se houvesse alguma força mecânica misteriosa funcionando, um tipo de efeito gravitacional ainda não descoberto. Os astrólogos, no entanto, se dividem. Questionam se a astrologia é uma ciência, religião ou arte, uma prática mágica, uma forma de divinação, uma ferramenta para a previsão, um ramo da psicologia, uma linguagem simbólica, uma espécie de poesia celestial, um meio para descobrir o ser interior ou, como reivindicam alguns, um caminho para a autocompreensão e a iluminação espiritual. Com tal diversidade de opiniões sobre o assunto, talvez o melhor seja considerar a astrologia como um termo abrangente para uma variedade de crenças, ideias e práticas, todas as quais partilham da noção de que os padrões nos céus são de alguma maneira importantes para a vida na terra.

A astrologia é também a disciplina — o sistema de regras — utilizada para ler os padrões celestiais. Não existe uma definição aceita sobre a prática correta, o que não surpreende, considerando os milhares de anos durante os quais ela se desenvolveu e se diversificou. Algumas culturas sequer têm uma palavra que traduza em termos simples a astrologia. Na Índia, a astrologia é *Jyotish*, a ciência da luz. No Japão, é parte de um campo mais amplo do *Onmyodo*, ou a "divisão yin-yang". Na antiga cidade iraquiana da Babilônia, de onde se originou grande parte da tradição ocidental, um astrólogo teria sido conhecido na região da língua acadiana como um *Tupsaru enuma Anu Enlil*. Um tupsaru era um escriba, enquanto Anu e Enlil eram os deuses do céu do ar.

Como não existe uma definição única e aceita por todos do que é a astrologia, vamos começar enumerando o que os astrólogos reivindicam para ela.

As definições da astrologia oferecidas pelos astrólogos americanos em uma conferência em 1998 em Seattle incluíram:

- Um sistema de significado derivado das posições planetárias no espaço e no tempo.
- O estudo da relação entre os corpos do nosso sistema planetário e a vida na Terra, e a arte de interpretar os seus resultados.
- Um guia útil para orientar a vida da pessoa.
- "Assim como é em cima, é embaixo."
- Um esquema da formação psicológica/emocional.
- Uma ferramenta para aqueles que desejam se harmonizar com a criação contínua do universo e particularmente para aqueles que desejam participar dessa construção tanto quanto possível.
- O uso das forças naturais de energia, possivelmente magnéticas, emitidas pelos planetas.
- Um tipo de lente para vermos através dela a verdadeira realidade do mundo.
- Um meio pelo qual podemos observar a lei espiritual.
- O estudo e a prática da interligação dinâmica e inteligente de todas as coisas por meio da linguagem macrocósmica de frequência — ou o texto de Deus!
- Uma forma de comunicação com mentes invisíveis.[3]

Os astrólogos costumam propor que o futuro é predeterminado até certo ponto. Não há nada de surpreendente nisso. Economistas, sociólogos, físicos e meteorologistas também confiam na previsibilidade do futuro.

EM QUE ACREDITAM OS ASTRÓLOGOS?

Os astrólogos se dividem quanto à proporção em que os detalhes da vida são previsíveis; se as previsões podem ser específicas ou se são somente generalizadas. A maioria das escolas de astrologia sustenta que, embora assumam um cosmo predeterminado em termos gerais, a própria prática da astrologia é um meio de aumentar a nossa possibilidade de manipular o destino, posição resumida em uma frase atribuída ao astrônomo grego Cláudio Ptolomeu: "um homem sábio rege suas estrelas, o tolo as obedece." O horóscopo é um mapa da estrada onde podemos escolher quais os caminhos seguir ou uma rodada de cartas com as quais podemos jogar bem ou mal. Os astrólogos questionam se existem efeitos astrológicos objetivamente reais e mensuráveis. Alguns acham que existem, mas outros dizem que a astrologia é um sistema de metáforas sem nenhuma influência verdadeira.

Em um ponto os astrólogos concordam: a astrologia é um tema controverso. As colunas de horóscopo são encontradas na maioria dos jornais populares e revistas femininas, e os signos solares são uma maneira moderna de as pessoas definirem suas identidades. Mas a astrologia provoca uma hostilidade profunda. Os cristãos evangélicos aprendem que a astrologia é satânica, uma digressão perigosa do Evangelho verdadeiro. Santo Agostinho, teólogo do século V, admitiu que os astrólogos acertavam com frequência, mas argumentou que seu sucesso era em grande parte devido ao demônio que os alimentava com as informações corretas para auxiliá-los a conduzir as pessoas para longe de Cristo. Para o astrônomo Carl Sagan, a popularidade da astrologia era a evidência de um mundo "assombrado pelo demônio", ameaçado por uma onda de superstição. Para o ateísta Richard Dawkins, os astrólogos praticam uma fraude.

> Todas as formas de divinação devem ser rejeitadas: apelação a Satã ou aos demônios, conjuração dos mortos ou outras práticas falsamente supostas de "desvendar" o futuro. Consultar horóscopos, a astrologia, a quiromancia, a interpretação de presságios e sorte, os fenômenos de clarividência e a consulta a médiuns, todos encobrem um desejo de poder sobre o tempo, a história e, em última análise, sobre os outros seres humanos, bem como um desejo de acessar os poderes ocultos. Eles contradizem a honra, o respeito e o temor amoroso que devemos somente a Deus.
>
> Catecismo da Igreja Católica
> *http://www.christusrex.org/www1/CDHN/ccc.html*
> 1994, parágrafo 2116

O antagonismo em relação à astrologia expõe uma cisão muito profunda das visões de mundo religiosa e científica. As religiões monoteístas, como o cristianismo, o judaísmo e o islamismo, veem Deus como a fonte de todo o sentido, enquanto a ciência moderna tende a encarar o universo como destituído de significado espiritual. A astrologia, por outro lado, argumenta que o universo é preenchido de expressão e significado pessoal. Os cristãos acusam os astrólogos de adorar a criação em vez do criador — tão inadmissível quanto a idolatria.

O cientista e escritor britânico C. P. Snow fez uma distinção do conflito existente entre as artes e as ciências que ficou famosa. A busca pela verdade também pode ser descrita como uma luta entre os autodenominados guardiães da ortodoxia religiosa ou científica e a massa da população, incluindo os seguidores comuns da igreja e dos cientistas. A maioria das pessoas retira suas crenças de várias fontes, algumas vezes de autoridades religiosas e científicas, e frequentemente da tradição local familiar e da experiência pessoal. A trama resultante de crenças constitui a religião vernacular do Ocidente moderno, da qual a astrologia popular é a maior característica.

O colunista Neil Spencer inventou o termo "República do Signo Solar" para a sociedade ocidental moderna, na qual as características básicas dos signos solares são parte da mistura geral de suposições que formam a visão de mundo da sociedade. A escritora de romances policiais Ruth Rendell a resume ao descrever as preocupações de um dos seus personagens: "roupas, cosméticos, produtos de beleza, homeopatia, exercícios, massagem, água gaseificada, alface, suplementos vitamínicos, medicina alternativa, astrologia e pelo menos uma consulta para saber o futuro."[4] Essa preocupação com o bem-estar interior e exterior é descartada com escárnio por alguns observadores como "uma mistura de religião"; os ocidentais selecionam aquilo que mais lhes atrai entre uma variedade de tradições espirituais. Como as autoridades religiosas tradicionais têm perdido sua ascendência em grande parte do mundo ocidental, as pessoas cada vez mais constroem a sua própria identidade religiosa buscando a sabedoria antiga e filtrando-a através de uma visão moderna ou em teorias orientais adaptadas para a mente ocidental.

Os astrólogos adotam uma série de posições em relação à ciência ortodoxa e à corrente religiosa. Cerca de vinte e cinco por cento dos astrólogos no Reino Unido e de trinta e seis por cento nos Estados Unidos acreditam que a astrologia é uma ciência,[5] embora a maioria dos testes feitos com ela produza resultados negativos. Os astrólogos respondem que os testes ortodoxos são muito grosseiros para avaliar a sofisticação e a complexidade da astrologia, e que a mecânica da "nova física" quântica, que questiona a natureza da realidade física, um dia fornecerá um modelo mais apropriado para a investigação da astrologia. Porém, a maioria dos astrólogos defende o argumento de que a astrologia, como a religião, está além do domínio da ciência e só pode ser demonstrada pela experiência pessoal. E somente sete por cento dos astrólogos definiriam a astrologia como religião, e bem mais — entre cinquenta e sessenta e cinco por cento — a consideram um caminho para o crescimento espiritual. Esta porcentagem confirma o seguinte resultado: quando solicitado que definam a sua afiliação religiosa, cerca de sessenta por cento dos astrólogos nos Estados Unidos responderam: "espiritualista, mas sem afiliação." Cerca de metade de todos os astrólogos dizem que nasceram protestantes, embora somente quatro por cento nos Estados Unidos ainda adotem essa linha. A maioria dos astrólogos parece fazer parte da "revolução espiritual"[6] da Nova Era.

Todas as estatísticas mostram que a astrologia atrai principalmente as mulheres. Os céticos culpam a credulidade feminina, afirmação que as mulheres que utilizam ou praticam a astrologia classificam de machista e ofensiva. Outros sugerem que as mulheres ficam mais em casa do que os homens, discutindo e explicando seus sentimentos ou estudando sobre a intuição. A astrologia também atrai mais artistas do que cientistas, embora seus seguidores mais conhecidos sejam homens, o que inclui o compositor Gustav Holst, os poetas W. B. Yeats, Louis MacNeice e Ted Hughes, o escritor Henry Miller e o pintor e fundador do surrealismo André Breton.

Na década de 1960, quando os psicólogos e sociólogos estudaram o interesse popular pela astrologia, eles concluíram que aqueles que acreditavam nela eram em algum sentido "marginais"; que a astrologia atraía os pobres e as pessoas com baixo nível de escolaridade: mulheres, membros de minorias étnicas e pessoas pertencentes à extremidade mais baixa da escala socioeconômica, ou indivíduos psicologicamente não adaptados que buscavam algum apoio emocional. Grande parte dessa pesquisa não tinha suporte científico. Começou pela conclusão — de que a astrologia é falsa e que a crença nela seria um sinal de inadequação — e trabalhou para que as evidências a confirmassem. Investigações recentes e mais concretas produziram resultados diversos. Algumas descobertas sugerem que a crença religiosa ou metafísica está mais associada à saúde psicológica do que à inadequação. Também parece existir pouca ou nenhuma correlação entre classe social, posição social, nível educacional e a crença na astrologia.[7] No ocidente, somente o gênero sobrevive como fator diferencial. Entretanto, fora do ocidente, a astrologia abrange ambos os sexos. Em algumas sociedades, a crença na astrologia é quase universal. Isso aparece particularmente em partes da Ásia, como a Índia hindu, a Birmânia budista e o Sri Lanka, onde a astrologia faz parte da vida diária. Encontramos também uma crença quase total entre os budistas tibetanos.

Na China, que desenvolveu sua própria tradição extraordinariamente brilhante há dois mil anos, a posição ficou complicada devido ao deslocamento da cultura tradicional sob a égide do comunismo desde 1949. Mas nos locais onde os ritos e práticas do taoísmo, confucionismo e da religião tradicional sobreviveram, como em Hong Kong, existe uma crença quase universal na astrologia. Na verdade, a astrologia chinesa está agora permeando a cultura popular ocidental, e muitas pessoas sabem qual é seu signo animal chinês junto com seu signo zodiacal. A astrologia é também amplamente aceita no Japão, onde o secularismo ocidental — a resistência a todas as crenças religiosas e "superstições" — é uma doutrina estrangeira. A astrologia floresce na América Latina, particularmente no Brasil, onde o catolicismo se mistura com práticas pagãs derivadas das religiões africanas e indígenas nativas. A astrologia e a astronomia da própria África subsaariana foram até recentemente completamente ignoradas pelos antropólogos, e somente agora os estudiosos estão despertando para as ricas tradições da região.

Apesar do grande ceticismo no ocidente, as pesquisas sugerem que mais de noventa por cento dos adultos no Reino Unido sabem qual é seu signo solar, bem mais dos que sabem o nome do Ministro das Finanças. Entre cinco e dez por cento das pessoas leem as colunas de horóscopo todos os dias, e entre vinte e três e trinta e sete por cento leem a seção uma vez por semana. Em torno de cinco por cento busca uma consulta com um astrólogo, porém a porcentagem daqueles que gostariam de receber uma interpretação do seu horóscopo pessoal, se lhes fosse oferecida, sobe para cerca de sessenta por cento. A evidência sugere que por volta de trinta e sete a sessenta por cento concordaria com sua descrição através do signo solar, enquanto o número daqueles que acreditam que as estrelas influenciam a vida na Terra flutua entre vinte e cinquenta e cinco por cento.

EM QUE ACREDITAM OS ASTRÓLOGOS?

Entre as pessoas de vinte e poucos anos, em torno de sessenta por cento procuram saber o signo das pessoas com quem estão tendo algum relacionamento, mesmo quando afirmam que não acreditam na astrologia.[8] Estes dados sugerem variações enormes e também contradições internas: por que as pessoas que dizem não acreditar na astrologia leem a respeito dela?

O que os pesquisadores descobriram foi que a astrologia fornece um significado ou propósito para eventos e sentimentos para os quais não são encontradas outras explicações. A maioria das pessoas parece pensar que existe alguma coisa na astrologia, embora elas não permitam conscientemente que ela influencie suas decisões. Podemos procurar a coluna nos jornais como uma forma de divertimento. Poderemos então descobrir que ela condiz com o que está acontecendo em nossas vidas naquele momento, o que talvez nos leve a pensar duas vezes sobre como lidar com algum evento atual ou uma grande crise. Podemos ler sobre nossos amigos e concluir: "a maioria dos nativos de Áries é mandona, os nativos de Virgem são meticulosos e os piscianos, confusos!"

Soube através de vários editores de jornais de grande circulação que, junto com as palavras cruzadas, a coluna do horóscopo é uma das mais importantes. É a parte do jornal que a maioria das pessoas procura quando está se aprontando para sair. Vários editores de revistas femininas me disseram que o primeiro profissional freelancer que eles contratam é o astrólogo. Isso pode ser um exagero, porém os editores, que são pagos para agradar os leitores, acreditam que as pessoas gostam de ler as previsões.

O psicanalista do século XX Carl Gustav Jung, ao discutir o papel dos terapeutas na vida moderna, respondeu à pergunta sobre o motivo de as pessoas procurarem os astrólogos. Alguns médicos, disse ele, tratam as pessoas como se elas fossem meras máquinas, sem nenhuma necessidade de saber a respeito do seu objetivo. Mesmo que um significado seja aquilo que a maioria das pessoas cultas procurem, elas nunca cogitam consultar um sacerdote.[9] A alternativa, na opinião de Jung, é a terapia, ou equivalente, incluindo os astrólogos (desde que tenham um treinamento terapêutico adequado). O apelo essencial da astrologia é que ela estabelece uma ligação íntima entre o céu e a Terra. Pessoas que procuram astrólogos dizem muitas vezes que assim o fazem para descobrir sobre o futuro, mas parece haver um desejo mais profundo de se conectar a algo maior, um sentido de propósito cósmico e significado pessoal. O sociólogo Max Weber chama isso de "encantamento". Em seu ponto de vista, as pessoas no Ocidente já viveram em um mundo mágico e vívido, como vários indivíduos em outras partes do mundo ainda o fazem. Ele culpa a Reforma Protestante dos séculos XVI e XVII por banir os anjos e os espíritos que tinham, até então, coexistido com a Igreja Católica, e a revolução científica dos séculos XVIII e XIX por criar um universo essencialmente sem um significado. No modelo de Weber, o interesse pela astrologia, junto com um grupo de outras ideias espirituais contemporâneas, se tornou uma busca pelo reencantamento, uma tentativa de restaurar os elos pessoais com um mundo mágico.

Muitos astrólogos argumentam que a astrologia ajuda a encontrar sentimentos e eventos que de outra forma parecem caóticos e sem sentido. A interpretação de um mapa natal fornece não somente uma narrativa biográfica, identificando temas comuns em eventos sob outra visão desconectados, como também, incomparável entre todas as técnicas terapêuticas, uma possível escala no tempo dentro da qual pode ser encontrada uma resolução para dilemas atuais. É uma maneira de contar uma história pessoal, construir um retrato em palavras e imagens poéticas e colocar tudo dentro de uma moldura no tempo. E é uma mitologia prática, uma maneira de usar os deuses e as deusas celestiais, sinais e presságios para oferecer aconselhamento prático e afirmações.

2

As origens da astrologia

Para compreender a evolução da prática moderna, devemos voltar na História: ir dos calendários lunares da Idade da Pedra de 30 mil anos atrás até os grandes filósofos Platão e Aristóteles, que moldaram a astrologia que utilizamos atualmente.

A astrologia teve início quando os seres humanos tiveram consciência pela primeira vez da relação entre a Terra e os céus. Eles notaram que, quando o sol estava baixo no horizonte no norte — devido à inclinação da Terra — os dias eram menores e as noites mais longas, e as árvores perdiam suas folhas; que as marés seguiam a lua e que o aparecimento de certas estrelas brilhantes marcava a mudança das estações. Há 30 mil anos, e talvez até antes, os povos da Idade da Pedra montavam calendários lunares com ossos e chifres de animais, e quiçá contavam histórias sobre os desenhos que viam nas estrelas. No terceiro milênio antes de Cristo, monumentos enormes foram construídos alinhados com o sol, com a lua e com as estrelas, como em Newgrange, próximo a Dublin, Stonehenge, na Inglaterra, e a Grande Pirâmide de Gizé. Embora não saibamos com precisão como esses monumentos espirituais eram utilizados, podemos supor que homenageassem padrões cíclicos dos céus.

Por volta de 5 mil anos atrás, quando os habitantes do antigo Iraque personificaram o Sol, a Lua e as estrelas como deuses e deusas que controlavam o mundo e determinavam o futuro, a astrologia como a conhecemos começou a surgir. Os deuses e deusas celestiais detinham o poder final — reis e rainhas eram seus representantes na Terra — e a astrologia foi estabelecida como um sistema para organização social e administração política; dos astrólogos, com seu conhecimento celestial, esperava-se o aconselhamento ao rei sobre o melhor momento para realizar atividades particulares, desde ir à guerra até a dedicação de um novo templo, ou como melhor preservar a coesão social ou gerar a prosperidade.

Os astrólogos observavam os movimentos do Sol, da Lua e dos planetas — Mercúrio, Vênus, Marte, Júpiter e Saturno, os únicos que podiam ser vistos a olho nu. Notaram que eles apareciam logo antes do amanhecer ou após o anoitecer e perceberam a proximidade que tinham com as estrelas mais brilhantes. O céu era dividido em constelações: grupos de estrelas próximas entre si que pareciam formar uma figura, como o Touro, que lembrava a cabeça e os ombros de um boi, ou o Leão, vagamente desenhado como este animal. O movimento dos planetas nas diferentes constelações, e a relação entre si, era considerado auspicioso.

Quando um determinado padrão planetário coincidia com um evento importante, ele era adicionado ao crescente corpo da literatura astrológica; quando o padrão surgia subsequentemente, os astrólogos podiam prever eventos similares. Se um evento previsto falhava, então assumia-se que fatores adicionais deveriam ser levados em consideração na próxima ocorrência, e assim o corpo da literatura se desenvolveu gradualmente. Todo o sistema era baseado na premissa teórica de que o movimento dos corpos celestes representavam as comunicações divinas entre os deuses e deusas. Por isso, se as previsões fossem imprecisas, não era falha da astrologia, mas dos astrólogos que tinham interpretado erroneamente os sinais.

A previsão mais antiga feita para reis sobreviveu em fragmentos de estelas de argila datadas em torno de 2200 a.C. Um registro se refere a um episódio no reinado de Gudeia, regente da cidade-estado de Lagash. Lemos que quando a seca se tornou uma ameaça, Gudeia buscou aconselhamento com a deusa Nanshe, pedindo a ela que lhe enviasse um sonho. Nanshe possuía uma "tabela das estrelas", talvez um mapa dos céus. Após consultar as estrelas — não nos é dito exatamente como — Nanshe diz a Gudeia para construir um templo com dimensões precisas. Gudeia fez como lhe foi dito e a seca foi revertida. Esses relatos podem registrar o início de uma tradição astrológica, ou serem a herança escrita de uma prática mais antiga, pré-literária. Sabemos pouco a respeito dos primeiros astrólogos, mas foi registrado que as mulheres ocuparam posições proeminentes na hierarquia religiosa, particularmente como representantes da deusa Inana ou Ishtar, a "Rainha do Céu", cujos desejos eram revelados por meio dos movimentos do planeta Vênus. Vênus era frequentemente a estrela mais brilhante no céu, e surgia em ciclos regulares imediatamente após o pôr do sol ou ao amanhecer. A deusa Inana era saudada como um arauto tanto da noite quanto do dia, e era objeto de devota veneração religiosa.

EM QUE ACREDITAM OS ASTRÓLOGOS?

Uma destacada astróloga foi Enheduana, filha do augusto imperador Sargon e de uma alta sacerdotisa de Nana, o deus da Lua, por volta do ano 2300 a.C. Enheduana foi autora de vários trabalhos, inclusive "Exaltação a Inana", um hino a Vênus, que ainda era cantado em templos quinhentos anos após a morte da astróloga. Sacerdotes e sacerdotisas cantavam os versos quando o planeta surgia no céu:

> No final do dia, a Estrela Radiante, a grande Luz
> que preenche o céu,
> A Senhora da Tarde aparece nos céus.
> As pessoas em toda a terra elevam seus olhos para
> ela.
> Os homens se limpam; as mulheres se purificam...
> Os jovens fazem amor com suas amadas.[10]

Desde a época em torno de 1600 a.C., da qual sobreviveram os primeiros textos astrológicos babilônicos completos, as práticas astrológicas têm sido sistematizadas. O universo era visto como um todo ordenado e único, embora à mercê dos caprichos de deuses e deusas. Os padrões regulares do Sol e da Lua eram inegáveis. O movimento das estrelas era a escrita dos deuses e das deusas no céu, um texto ou narrativa celeste. A intenção divina era codificar todo o universo, e as mensagens celestiais poderiam ser desvendadas por meio do estudo desses movimentos. Cada corpo celeste importante estava ligado a um deus ou deusa, e cada movimento enviava mensagens a respeito das respectivas intenções divinas. O futuro, uma vez previsto, era negociável. Os astrólogos comunicavam ao rei, avisando sobre possíveis ameaças e aconselhando sobre ações adequadas, como reforçar as defesas contra ataques de inimigos, realizar um ritual ou um banho especial ou oferecer um sacrifício a uma deidade particular. Como conselheiros do governo, os astrólogos acumulavam os papéis de bispos, economistas e servidores públicos.

Não existe uma estela de argila que tenha sobrevivido com uma disposição abrangente da concepção babilônica do universo. A evidência sugere que escribas e sacerdotes da Babilônia acreditavam que o mundo era polarizado entre duas forças: em um extremo havia a ordem absoluta, representada pelos movimentos regulares do Sol, da Lua e das estrelas, escritos no texto da vida diária por meio de um calendário sagrado. Na outra extremidade, deuses e deusas imprevisíveis poderiam alterar o futuro por um capricho. A ordem previsível dos movimentos estelares e planetários traçava nosso destino, enquanto a aparência mutável das estrelas de um dia para o outro — ornado pela poeira das nuvens ou sujeito a mudanças sutis de coloração — sugeria que o futuro poderia ser negociável. A mesma dinâmica deveria sustentar as visões gregas clássicas do destino e sobreviver entre os cristãos que acreditam tanto nas leis imutáveis da física quanto na capacidade de Deus de realizar milagres.

Os profetas do Antigo Testamento condenaram os astrólogos babilônicos. Isaías (47,13-14) foi um dos mais causticantes: "Cuidado", avisou, "eles são como a palha. O fogo os devorou; não livrarão sua vida da chama". Contudo, os profetas possuíam uma astrologia rudimentar própria pela qual compreendiam que antes do "Final dos Dias", quando esperava-se que Deus destruiria o velho e corrupto mundo e restauraria o Reino de David, Ele enviaria sinais ou presságios vindos dos céus. Esses textos foram adaptados pelos redatores dos Evangelhos para incorporar a segunda vinda do Cristo e, no devido curso, tornaram-se parte da tradição profética cristã.

> Porquanto as estrelas dos Céus
> E seu resplendor não espalharão sua luz;
> Cobrir-se-á de trevas o Sol no seu nascimento
> E a Lua não resplandecerá com sua luz.
>
> Isaías, 13.10, profetizando os sinais do
> "Final dos Tempos".

Por volta do ano 500 a.C., a astrologia babilônica se alterou para utilizar um equipamento técnico e filosófico. A expansão das religiões monoteístas, especialmente o zoroastrismo persa, e a transferência correspondente dos panteões tradicionais dos deuses e deusas caprichosos conduziram a um declínio no pluralismo religioso. O Deus único gradualmente afastou os demais. A ordem triunfou sobre as noções alongadas da espontaneidade celestial e os corpos celestes foram então encarados como operando segundo um padrão único, com base matemática, um tipo de máquina do destino.

Zodíaco foi o nome dado às doze constelações defronte das quais o Sol passava no curso de um ano. Durante o ano, o Sol movia-se exatamente através do mesmo caminho em torno da Terra, completando um ciclo. (Sabemos agora, naturalmente, que é a Terra que se move em torno do Sol.) O zodíaco é uma estreita faixa de céu que circunda o caminho do Sol. O Sol passará defronte de cada uma das constelações — que também giram formando um arco em torno da Terra por trás do Sol — e, após cerca de trinta dias em cada uma, ele terá gradualmente se alinhado com todas elas. Os astrólogos chamaram estas doze constelações de Zodíaco e formaram um sistema com doze divisões de tamanho igual — os signos do zodíaco. (Outras constelações que ocupavam o restante do céu foram deixadas fora do sistema.) O zodíaco foi dividido em 360 graus, o que permitiu que as posições planetárias fossem bem determinadas e com precisão bem maior. Cada planeta estava ligado a um signo do zodíaco no qual era considerado forte ou fraco. Não existe uma base racional para o sistema, que sobrevive até os dias atuais, no qual o Sol era forte quando estava em Áries, a Lua em Touro, Mercúrio em Virgem, Vênus em Peixes, Marte em Capricórnio, Júpiter em Câncer e Saturno em Libra. O sistema da "regência" planetária parece ter seguido algum tipo de lógica. Considerava-se que o Sol exercia uma influência particular sobre Leão, e era sempre forte nesse signo, significando que seu poder era geralmente benevolente, enquanto a Lua regia Câncer, o signo precedente. Isso significava que o Sol e a Lua, os dois 'luminares', como eram chamados no Gênesis, regiam signos adjacentes. Os dez signos remanescentes foram então divididos entre os outros cinco planetas, cada um regendo dois signos: Mercúrio regia Gêmeos e Virgem; Vênus regia Touro e Libra; Marte regia Áries e Escorpião; Júpiter regia Sagitário e Peixes; e Saturno regia Capricórnio e Aquário. A lógica não é baseada em uma demonstração empírica de que a natureza dos planetas está ligada àquelas dos signos que eles regem. Parece mais provável que os astrólogos estivessem criando algum tipo de padrão ideal no céu por razões que atualmente não estão mais claras. Os significados dos signos também foram construídos em torno desta época. Por exemplo, Gêmeos, o signo das duas pessoas, exerce influência sobre as relações fraternas e Touro, regido por Vênus, o planeta do amor, estava ligado à fertilidade.

Finalmente surgiu o mapa natal: nosso primeiro exemplo sobrevivente, traçado pelos astrólogos babilônicos, data de 410 a.C., e contém uma linha única: "os eventos serão favoráveis para você." Em 4 a.C. os antigos astrólogos tinham desenvolvido o conceito do horóscopo, que literalmente significa observador das horas. Horóscopo foi o nome dado ao grau do zodíaco que estava surgindo sobre o horizonte ocidental (o céu inteiro parece girar em torno da Terra a cada vinte e quatro horas) no momento em que os astrólogos faziam suas observações. Por exemplo, se você nasceu ao meio-dia em um dia de outubro quando o Sol estava no signo zodiacal de Libra, o signo de Sagitário deveria estar surgindo no horizonte ao meio-dia. Na astrologia moderna este grau é conhecido como ascendente, e terá um efeito significativo na leitura do mapa, moldando as características do signo solar de Libra com as qualidades de Sagitário.

3

Uma base filosófica

Neste mundo de mudança cosmológica surgiu o filósofo ateniense Platão, a figura mais próxima de um fundador que a astrologia teria. Junto com seu aluno Aristóteles, Platão lançou a base para uma justificativa filosófica da astrologia que, com o tempo, passou para os romanos, o mundo islâmico, o mundo medieval e a Europa renascentista, e finalmente para os astrólogos atuais.

Platão é incontestavelmente o filósofo mais importante do mundo ocidental. Nascido em uma família bem relacionada de Atenas em 428 a.C., ele abdicou da sua vocação política em favor de uma vida de estudos, e fundou a sua própria escola que, localizada em uma gruta anteriormente cuidada pelo lendário jardineiro Academus, ficou conhecida como Academia.

A Academia de Platão sobreviveu por 900 anos, até ser fechada por ordem do imperador romano Justiniano em 529. A intenção de Justiniano era acabar com um dos últimos centros de ensino pagão em seu império cristão, mas já era muito tarde: a filosofia de Platão já tinha permeado a teologia cristã que, por sua vez, transbordou para a Europa renascentista e medieval e também para locais mais distantes. Platão influenciou profundamente a cultura e a política ocidentais, porém é menos sabido que suas ideias tenham influenciado decisivamente a astrologia como ela ainda é praticada atualmente.

Entre os filósofos gregos, Platão era reconhecido como o mais aceitável pelos primeiros cristãos, principalmente devido a sua crença em um único criador. Seus trabalhos sobreviveram intactos e ocuparam uma posição privilegiada no pensamento ocidental entre os séculos V e XVII. Seu impacto ainda é sentido nos círculos científico, matemático e político e ele permanece como a única figura mais importante no pensamento esotérico moderno e da Nova Era. Seu trabalho clássico sobre a criação do cosmo, Timeu, é a Bíblia filosófica da astrologia.

EM QUE ACREDITAM OS ASTRÓLOGOS?

> Porque, como uma consequência deste raciocínio e projeto da parte de Deus, com uma visão para a geração do Tempo, o Sol e a Lua e as cinco outras estrelas, que são designadas de "planetas", vieram a existir para determinação e preservação dos números do Tempo.
>
> Platão, Timeu, 38C., trad. R. G. Bury, Cambridge, Mass., Londres, Harvard University Press, 1931

Platão afirmou que o cosmo inteiro estava disposto segundo proporções matemáticas e geométricas perfeitas, e que o primeiro propósito da astrologia era político: a preservação da ordem. Platão acreditou que o propósito da astrologia era harmonizar o indivíduo sábio com o universo no lugar de atender a caprichos de deuses e deusas. Ele desenvolveu uma teoria de céus baseada nas seguintes premissas:

- O cosmo foi criado por um único Deus, um criador remoto mais semelhante a uma mente suprema do que o Deus ativo e interventor do judaísmo e do cristianismo.
- A realidade verdadeira é espiritual e o mundo físico é uma ilusão.
- Todo o universo é regulado pela matemática e geometria, e esta ordem celeste é revelada pelos movimentos das estrelas e dos planetas. É também viva, possuindo uma "alma-do-mundo".

- A vontade divina de Deus se desdobra através do tempo, um processo medido pelos movimentos dos planetas. O tempo é, na verdade, o princípio ordenador de tudo em nosso mundo físico.
- Deus é a "causa primeira", responsável por tudo. Os planetas são "causas secundárias" e desempenham um papel subserviente, transmitindo a vontade de Deus para a humanidade.
- Toda pessoa possui uma alma imortal que se origina entre as estrelas e que retorna a elas após a morte.
- A alma é reencarnada e a vida atual é uma entre várias.
- Cada alma "escolhe" a sua vida antes do nascimento. Quando a alma desce para a terra através dos planetas, os "destinos" tecem a sua sina e ela esquece as escolhas que fez.
- O indivíduo virtuoso finalmente rompe o ciclo de morte e renascimento ao adotar um estilo de vida erudito, moral e saudável.

(A astrologia) faz com que os homens vejam com clareza; da constância, ordem, simetria e calma que estão associadas ao divino, ela faz dos seus seguidores admiradores desta beleza divina, habituando-os e reformando suas naturezas, como deve ser, para um estado espiritual similar.

Cláudio Ptolomeu, Almagest, I.1, trad. G. J. Toomer, Princeton, Princeton University Press, 1998

EM QUE ACREDITAM OS ASTRÓLOGOS?

Platão desenvolveu também a teoria dos arquétipos (do grego *arche*, que significa primeiro ou original), que recentemente passou por um renascimento na análise junguiana. Ele argumentou que tudo no mundo material possuía um modelo original em outra dimensão — no perfeito, eterno, imutável e intangível mundo do "Ser". Este modelo foi descrito como uma "Ideia" (palavra da qual deriva o termo idealista, que significa alguém que acredita na perfeição), uma "Forma" ou um "Arquétipo". Segundo Platão, tudo em nosso mundo é uma pálida cópia do seu modelo original. Os seres humanos encontram-se em uma condição conhecida como "Vir a Ser", na qual tudo está em constante estado de mudança, sempre tornando-se alguma coisa, muitas vezes deteriorando. Vir a Ser está sujeito às forças do tempo e, como está em constante mudança, é necessariamente imperfeito. É tão mutável que é impossível conhecer o mundo como ele realmente é, porque assim que alguém diz uma frase sobre ele, ele já mudou, e a frase, que talvez tenha sido verdadeira quando foi pronunciada, tornou-se falsa. Platão disse que somos como pessoas sentadas em uma caverna onde há um fogo. Em vez de olhar para o mundo lá fora, observamos as paredes, confundindo nossas sombras com a realidade. Os arquétipos é que são reais, não os pálidos reflexos que vemos.

Segundo a lógica de Platão, quanto mais próximos estamos de Deus, mais próximos estamos de ver a verdade e compreender os arquétipos em vez de sermos confundidos pelas ilusões que rotineiramente encontramos no mundo físico imperfeito. Quando ascendemos da Terra através dos planetas para as estrelas, passamos da imperfeição para níveis cada vez mais próximos da perfeição. Mesmo que Deus permeasse todo o cosmo, o seu lar natural seria além das estrelas. Consequentemente, os planetas estavam próximos de Deus e as estrelas mais próximas ainda, e seus movimentos revelavam as manifestações diferentes dos arquétipos em nosso mundo, as qualidades mutáveis do tempo e as frequentes alterações sociais e políticas que fluíam destes movimentos. O objetivo de Platão era criar o estado perfeito no qual, embora o futuro estivesse amplamente predeterminado, o governo deveria trabalhar para preservar a paz e a estabilidade. Este paradoxo de aceitar tanto o destino quanto a criação foi chamado de "ativismo" pelo filósofo Karl Popper, no século XX. Ele argumentou que quanto mais forte a crença em um futuro predeterminado, mais importante seria agir ativamente na criação do futuro.

Os ensinamentos essenciais do platonismo são tão semelhantes aos do início do budismo que sugerem que Platão esteve exposto às influências budistas, ou que tanto Buda como Platão herdaram uma tradição comum desenvolvida pelos estudiosos que viajavam ao longo das rotas de comércio entre a Índia e o Mediterrâneo Oriental.

O próprio Platão não teve quase nada a dizer a respeito da astrologia prática, porém os astrólogos que seguiram seus ensinamentos no mundo clássico argumentaram que a paz e a ordem deveriam ser preservadas se fosse possível prever padrões planetários perigosos para agir intencionalmente. Astrólogos posteriores que seguiram os ensinamentos de Platão também acreditaram que a disposição dos planetas no momento do nascimento fornecia um esclarecimento sobre a vida que o bebê teria e a condição da sua alma. Por exemplo, se Vênus, o planeta do amor, fosse considerado o planeta mais forte no nascimento, o bebê deveria crescer sendo carinhoso e afetuoso, porém susceptível às tentações da decadência. Havia várias maneiras de um planeta ser considerado forte. Por exemplo, um planeta seria forte se estivesse no signo que regia, como a Lua em Câncer. Uma criança nascida enquanto Marte, o deus da guerra, estivesse em destaque, seria um lutador de boas causas, mas quando provocado poderia se tornar violento e agressivo. Os astrólogos eram o meio através do qual a autoconscientização poderia identificar seu lugar na ordem universal, mas era muito mais do que somente um meio para descrever o propósito pessoal nesta vida; era um caminho para a iluminação. Nas mãos dos seguidores de Platão, que desenvolveram práticas religiosas para facilitar a elevação da alma às estrelas, a astrologia tornar-se-ia uma rota para a salvação. Por exemplo, os seguidores dos ensinamentos estabelecidos nos textos herméticos, compilados no Egito no primeiro século a.C., e da religião mitraica que floresceu em Roma entre os séculos II e IV, passavam por um ritual de preparação para o retorno da alma para as estrelas. As duas religiões acreditavam na necessidade urgente da liberação pessoal da trama do destino que era tecida no nascimento e no encargo da responsabilidade pessoal pelas suas escolhas. Como definiu o próprio Platão: "A culpa é daquele que escolhe: Deus não tem culpa."[11]

Aristóteles, considerado depois de Platão como o filósofo mais influente do mundo antigo, tomou como base as teorias de Platão e desenvolveu-as ainda mais. Aristóteles nasceu em 384 a.C. e trabalhou por um período como tutor do jovem Alexandre, o

EM QUE ACREDITAM OS ASTRÓLOGOS?

Grande. Quando estava com dezessete anos, Aristóteles filiou-se à Academia de Platão e permaneceu nela por vinte anos, tornando-se professor. Aristóteles foi atraído pela teoria de Platão sobre as causas celestes e identificou quatro tipos separados de causas, duas das quais são excelentes para a astrologia. A primeira era o que Aristóteles chamava de Causa Formal. Ele acreditava que os eventos, ou objetos, ou pessoas, são causados pela Forma, ou Arquétipo, como se houvesse um padrão original para tudo no universo. A Causa Formal é, em um certo sentido, "de onde nós viemos". A Causa Final é "para onde estamos indo", um propósito do objetivo ou o seu resultado. Uma bolota* se transforma em um carvalho, e o carvalho é portanto a causa final de uma bolota. A influência de Aristóteles é sentida na psicologia e na astrologia atuais. O psicólogo James Hillman utiliza a metáfora da bolota para refletir o potencial humano: todos temos algo no qual podemos nos desenvolver, somente se revelarmos nossa natureza verdadeira. No livro de Liz Greene, *Os astros e o amor*, um livro para os leitores das colunas de horóscopo, ela aproveita uma parte da filosofia aristotélica clássica:

---
*Fruto do carvalho ou da azinheira.

> Tendo nascido sob um determinado signo, ou tendo um grupo de planetas ou o ascendente ali, isso não mostra automaticamente que você é assim, que você tem essas qualidades desenvolvidas e prontas para mostrá-las em uma vitrine. Significa que existe um reservatório potencial inato em você, algo pelo qual poderá se esforçar. Você se desenvolve no seu mapa, assim como uma semente se desenvolve em uma planta adulta.[12]

Alguns astrólogos sustentam que existe uma correlação direta entre a posição das estrelas e os eventos históricos. Por exemplo, em 1969, na época do pouso da nave Apolo na Lua, Júpiter e Urano estavam em conjunção. Os astrólogos destacaram que estes dois planetas forneceram uma imagem retórica para o evento; Júpiter sendo o símbolo das viagens longas e Urano da nova tecnologia. Mas aqui entramos em uma área perigosa para a astrologia. Nenhum astrólogo poderia possivelmente argumentar que os planetas "causaram" a descida na Lua. O programa Apolo era resultado de milhares de pessoas trabalhando sobre uma tecnologia de voo potente por grande parte do século, sem mencionar a enorme despesa por parte de vários países. A teoria de Aristóteles das causas finais resolveu o problema.

Desta perspectiva, a configuração Júpiter-Urano de 1969 teria representado a causa final, o ponto no tempo para o qual todo aquele dinheiro e esforço do programa espacial deveriam ser devotados. No cosmo aristotélico, a qualquer momento cada um de nós está se movendo em direção a uma série infinita de causas finais. Como uma espécie, a humanidade como um todo está sendo empurrada para o futuro pelas causas finais, que podem estar localizadas em milhares ou milhões de anos no tempo.

Galvanizado pela crença de Platão de que cada um de nós possui uma alma que está ligada às estrelas e habita um universo matematicamente previsível, junto com a elucidação convincente de Aristóteles da mecânica celeste, os antigos astrólogos adaptaram, inovaram e criaram a astrologia técnica que é praticada até hoje. Eles codificaram os significados das estrelas, planetas, signos zodiacais, formularam métodos de previsão e realizaram debates sobre o que a astrologia poderia ou não fazer. Os textos sobreviventes deste período datam somente do primeiro e segundo séculos da nossa era. Os mais importantes são a *Antologia*, de Vettius Valens, um texto com exemplos de horóscopos os quais os alunos podem utilizar para aprenderem, e o *Tetrabiblos*, de Cláudio Ptolomeu, uma enciclopédia de técnicas diferentes. Ptolomeu também escreveu sobre astronomia, geografia e óptica, e foi tão amplamente reconhecido que o *Tetrabiblos* tornou-se o livro-texto astrológico mais importante na Europa até o século XVII. É o mais próximo que a astrologia ocidental tem de uma Bíblia técnica, uma contraparte prática do *Timeu* de Platão.

Platão e Aristóteles concordaram em dois princípios-chave — que existe um Deus, e que as estrelas revelam Sua intenção. Porém a ênfase sobre a divindade do cosmo e o foco de Aristóteles sobre a mecânica do universo conduziram a dois ramos distintos da astrologia: ou o astrólogo é um adivinho que se aproxima de Deus ou é um cientista examinando as influências planetárias. Os termos modernos para estas duas formas de astrologia são judicial e natural. Na astrologia judicial o astrólogo interpreta um horóscopo para fazer um julgamento preciso e, como na divinação, o processo interpretativo é muito importante. Na astrologia natural as influências planetárias gerais produzem efeitos que podem ser identificados independentemente das habilidades interpretativas do astrólogo. O efeito gravitacional da Lua sobre as marés é o exemplo clássico da astrologia natural: quando a Lua aparece, puxa para si os oceanos do mundo. Este efeito é tão poderoso que até a Terra sobe e desce, embora não aconteça nenhum efeito discernível sobre os indivíduos. A astrologia judicial e natural não são categorias estanques, mas modelos úteis para a compreensão das diferentes abordagens da astrologia.

O trabalho de Ptolomeu tornou indistintos os limites entre a astrologia natural e judicial. Ele descreveu em detalhes as regras para a interpretação dos horóscopos, mas sua abordagem dos significados das estrelas, planetas e signos zodiacais era inteiramente naturalista. Deu a cada um deles propriedades físicas: quente, frio, seco ou úmido. Os signos seguiram uma sequência — Áries era quente e seco; Touro, frio e seco; Gêmeos, quente e úmido; Câncer, frio e úmido, e assim nos doze signos do zodíaco. Os planetas também receberam qualidades físicas: o Sol era quente e seco, enquanto a associação da Lua com as marés a tornava fria e úmida. Os outros tinham associações míticas. Marte, por exemplo, era quente e seco devido à sua conexão com o deus da guerra de temperamento quente. Através destas regras os astrólogos podiam prever o tempo ou prescrever remédios. A interpretação de um horóscopo tornou-se mais complexa, mais parecida com um intrincado sistema divinatório do que com uma ciência naturalista.

Na época de Ptolomeu os astrólogos tinham adicionado um outro componente vital ao sistema — as doze casas. O céu era dividido em doze seções arrumadas no sentido contrário ao movimento dos ponteiros do relógio a partir do ascendente. As casas eram sempre fixadas pelo horizonte — pela Terra — e portanto não se moviam com o restante do céu. Quando o céu se movia (girando em torno da Terra uma vez a cada vinte e quatro horas), as estrelas, planetas e signos zodiacais passavam por todas as casas. O início da primeira casa quase se equiparava com o horizonte oriental. A segunda começava um pouco abaixo do horizonte, assim por diante até a sétima, que coincidia aproximadamente com o horizonte ocidental. Dali a sequência se movia pelo céu até a décima segunda, acima do horizonte oriental. Ninguém sabe quem projetou este esquema. Uma teoria argumenta que ele foi adaptado das divisões do céu utilizadas na divinação com as entranhas dos animais. Ele possibilita que os astrólogos sejam mais específicos em suas previsões, pois cada casa regia uma área diferente de vida: por exemplo, a segunda casa era a da riqueza, a sétima, do casamento e a décima segunda, a dos inimigos.

Por volta do primeiro século da era cristã os astrólogos em todo o mundo, das fronteiras ocidentais do império romano às costas orientais da Índia, montavam horóscopos capazes de mostrar em detalhes exatos as oportunidades de sucesso ou fracasso de cada pessoa junto com a condição da sua alma e a sua relação com o divino.

4

Uma finalidade prática

A astrologia utilizada na vida diária praticamente desapareceu na Europa Ocidental por volta do século V, quando o Império Romano entrou em decadência, o nível de instrução declinou e o cristianismo assumiu a liderança. Ela sobreviveu entre os indianos e os persas, que levaram seu conhecimento através do mundo islâmico e arábico. Nos séculos XI e XII os eruditos europeus começaram a buscar a sabedoria perdida nos antigos manuscritos gregos e árabes. Eles redescobriram a astrologia junto com a medicina, matemática e filosofia antigas. Conhecer o futuro com antecedência mostrou-se irresistível, e a astrologia tornou-se aceita, embora muitas vezes controversa nos círculos teológicos, característicos da vida europeia na Idade Média.

Diferentes escolas de pensamento ofereceram visões competitivas sobre o impacto das estrelas em nossa vida diária. Alguns acreditavam que o movimento das estrelas causava os eventos. Outros acreditavam que os signos astrológicos eram divinos, citando o Gênesis 1.14: "Que sejam feitos luzeiros no firmamento dos céus, e separem o dia da noite, e que sirvam para sinalizar os tempos, os dias e os anos." O filósofo do século IV Plotino concordou, insistindo que os planetas não "causavam" os eventos na Terra, mas os "anunciavam". Um caminho intermediário foi estabelecido no século XIII pelo teólogo católico Tomás de Aquino, que acreditou que cada signo deveria ter uma causa própria: um alinhamento planetário poderia ser um sinal da proximidade de eventos na Terra, mas ser causado pelos mecanismos que Deus tinha criado para manter os céus em movimento. Influenciado tanto por Platão como pelas escrituras, Aquino acreditou que a sabedoria e o autoconhecimento poderiam libertar a humanidade dos ditames dos céus. As estrelas influenciam o corpo, ele acreditava, porém a alma é responsável somente perante Deus. Portanto, a escolha moral — e as nossas chances de salvação eterna — não pode ser diretamente afetada pelas estrelas. Qualquer influência que as estrelas tenham é sentida indiretamente quando agitam nossos desejos físicos e nos induzem ao pecado, mas as consequências

EM QUE ACREDITAM OS ASTRÓLOGOS?

podem ser evitadas através de uma combinação entre fé e razão, e ambas podem nos levar para mais próximos de Deus.

Nesta época os astrólogos distinguiam quatro tipos de horóscopos. Os horóscopos "mundanos" revelavam o mundo como um todo. Os astrólogos estudavam as rotações dos planetas em torno da Terra para identificar os padrões astrológicos na história e predizer a ascensão e queda de impérios e religiões. O ciclo planetário mais importante, ou rotação, era o de Júpiter e Saturno; a cada vinte anos eles se encontravam no mesmo signo do zodíaco e os astrólogos faziam suas previsões, muitas vezes levantando uma inquietação política, e os descontentes sentiam uma possibilidade de mudança. Em 1524 os dois planetas se encontraram em Peixes. Previsões de que o dilúvio bíblico se repetiria causaram pânico generalizado e, quando o dilúvio não ocorreu, a reputação dos astrólogos ficou seriamente afetada. O segundo tipo de horóscopo era o "eletivo", calculado para selecionar o momento mais auspicioso para lançamento de qualquer empreendimento novo. No século XIV, o astrólogo italiano Guido Bonatti foi empregado para escolher o momento mais propício para o exército do seu patrão atacar seus inimigos. Vários papas da Renascença, inclusive o conhecido papa da família Bórgia, Júlio II, utilizavam a astrologia para marcar suas audiências, enquanto a rainha Elizabeth I empregou seu astrólogo John Dee para escolher o momento mais favorável para sua coroação. A Interrogação, ou mapa horário, era um horóscopo calculado para responder a uma pergunta específica. Utilizando regras complexas, o astrólogo identificava os planetas que espelhavam a questão e o inquiridor, e então trabalhava sobre a resposta. Maridos poderiam perguntar se eram o pai do filho de sua esposa, ou onde poderiam fazer fortuna. Finalmente os Mapas de Nascimento eram calculados para analisar o caráter e destino de uma pessoa. Naquela época em que poucas pessoas sabiam a hora ou até o dia do seu nascimento, os astrólogos usavam muito as Interrogações, nas quais o horóscopo era calculado com base no momento da consulta entre o cliente e o astrólogo, mais do que o momento do nascimento do cliente.

Todos os quatro tipos de horóscopo levantavam problemas teológicos. Os horóscopos mundanos, que identificavam a ascensão e queda das religiões na História, chegaram perigosamente perto de sugerir que o próprio cristianismo era somente uma fase na História. Os eletivos, ao tentar assegurar uma vantagem pessoal, negavam o direito de Deus de julgar o resultado de um empreendimento. Além disso, qualquer tipo de previsão precisa, seja através das Interrogações ou dos Nascimentos, colocava as intenções de Deus em segundo lugar e negava seu direito de mudar o futuro. Em sua defesa, os astrólogos argumentaram que as estrelas forneciam um caminho físico e espiritual em direção a Deus e que a própria astrologia era tema de devoção religiosa. O grupo islâmico místico, o Ikhwan al Safa, ensinou que cada pessoa devota deveria estudar dois livros: o Livro das Escrituras — a Bíblia para os cristãos, a Torá para os judeus, o Corão para os muçulmanos — e o "Livro das Criaturas", em outras palavras a própria natureza, incluindo as estrelas e os planetas. A natureza, como evidência do próprio poder e esplendor de Deus, tornou-se então um caminho para a salvação quando estudada junto com as escrituras.

A relação entre céu e Terra tornou-se cada vez mais complexa na época medieval. Os teólogos elaboraram uma "Grande Cadeia do Ser" para explicar a hierarquia do universo, que incluía não somente os anjos e arcanjos, mas todos os objetos naturais, do Sol e das estrelas até as nuvens, animais, árvores e pedras. Uma versão foi estabelecida no livro *Occult Philosophy*, escrito pelo erudito alemão Henry Cornelius Agrippa no século XVI: a Cadeia era imaginada com Deus no topo e ligado aos seres humanos através dos arcanjos, anjos e santos. Os seres humanos estavam no meio da escala, com os anjos acima e os animais abaixo. Ligações eram criadas por similaridades do aparecimento ou efeito de objetos diferentes, revelando "simpatias" profundas. Os planetas eram ligados aos objetos do dia a dia. Marte era representado como um planeta vermelho devido ao seu matiz rosa-pálido. Portanto regia o sangue, que é vermelho, objetos cortantes como facas que nos fazem sangrar e pessoas que usam facas, como soldados ou açougueiros. Pela mesma indicação, ele regia o ferro, do qual as espadas eram feitas, e também o calor, secas, desertos, plantas espinhosas, febres, pessoas de temperamento forte, guerras e estimulantes como o café; uma vez que o princípio básico era estabelecido, qualquer nova ideia ou invenção recebia um regente planetário. O filósofo Ludwig Wittgenstein descreveu essas conexões como "relações familiares". O novelista Philip Pullman falou desse sistema como uma "República dos Céus", o estado no qual os relacionamentos morais, emocionais e espirituais estavam interligados com um reino invisível que se prolongava da Terra até o céu, o mundo escondido além das estrelas.

EM QUE ACREDITAM OS ASTRÓLOGOS?

A astrologia pode ter lidado com mundos escondidos, mas também foi assunto do aqui e agora. A observação dos ciclos lunares para tratamentos médicos como os sangramentos — o empuxo gravitacional da Lua supostamente influenciando os líquidos em nosso corpo — foi fundamental na astrologia médica medieval. Os médicos que eram suficientemente eruditos utilizaram métodos mais sofisticados de diagnóstico e tratamento astrológico. O mapa do decúbito (da palavra latina *decumbere*, deitar) era um horóscopo calculado tanto para o momento em que um paciente se sentisse doente como para a época em que o médico fosse informado da sua doença. Algumas vezes o horóscopo era calculado para o momento em que o médico recebesse (e provasse, como era a prática) uma amostra da urina do paciente. O horóscopo auxiliaria um médico a diagnosticar e tratar o paciente com ervas e tinturas astrologicamente apropriadas. Se um médico estivesse tratando de um paciente que estivesse sofrendo de febre alta — uma queixa relativa a Marte — ele poderia tratá-lo com ervas associadas ao frio planeta Vênus.

O filósofo da Renascença Marsilio Ficino acreditou que a contemplação ou a manipulação dos símbolos celestes, utilizando a magia, a música, o canto e a meditação em imagens era um caminho para a compreensão divina. Moldando conexões psíquicas, um mago ambicioso poderia usar seu poder superior para influenciar eventos na terra. Talismãs inscritos com símbolos celestes eram distribuídos em momentos astrologicamente auspiciosos para defender de inimigos, seduzir um ser amado ou fazer fortuna. Uma obra popular de magia, *Picatrix*, registrava vários encantamentos, incluindo um que descrevia como se livrar de um rato desenhando as estrelas de Leão (representante do reino dos gatos) sobre uma placa de estanho vermelha e colocando-a próxima do ninho do rato.

O objetivo era atrair as virtudes curativas do céu. Em casos extremos, o mago-astrólogo poderia contactar o próprio Deus e ser dominado pelo êxtase de uma união completa com o divino. Polemicamente, Ficino escreveu que a própria alma era influenciada pelas estrelas. O resultado foi que a oposição à astrologia se intensificou. Finalmente, em 1585, uma Bula Papal proibiu sua prática e estabeleceu a posição católica que é mantida até hoje — a astrologia, como uma prática divinatória, é contrária à lei da Igreja.[13] Católicos a favor da astrologia, como o padre jesuíta Lawrence Cassidy, destacam que a astrologia não é proibida se não for uma divinação.[14]

A credibilidade da astrologia entre as classes cultas no mundo ocidental diminui drasticamente entre 1650 e 1700, principalmente devido aos avanços da ciência naquele século. Em 1610 o físico italiano Galileu publicou os resultados das suas observações através do telescópio. As pessoas podiam olhar os céus e ver por si mesmas que o cosmo divino, perfeitamente ordenado de Platão, era uma ilusão. No século XVI, Copérnico argumentara que a Terra girava em torno do Sol. A evidência reforçou que a antiga cosmologia, dentro da qual a astrologia florescera, era falsa, e a astrologia perdeu muito da sua credibilidade. Outros fatores contribuíram. Na Inglaterra a astrologia estava intimamente associada ao radicalismo político na guerra civil de 1642-1649. Muitos astrólogos divulgaram previsões apoiando os exércitos parlamentares. Nicholas Culpepper, famoso herbalista e astrólogo, foi um republicano que sustentou que a monarquia deveria ser derrubada. Após esta ter sido restaurada em 1660, muitas pessoas desaprovaram a astrologia como um disparate perigoso e desestabilizador. Houve o problema adicional de astrólogos estarem frequentemente errados. Em 1708 o escritor Jonathan Swift se divertiu muito à custa do astrólogo John Partridge, editando um almanaque falso que satirizava seus prognósticos escrevendo que "este mês uma certa pessoa conhecida será ameaçada pela morte ou a doença".[15]

A reputação da astrologia entre a elite culta nunca foi totalmente recuperada, embora apresente agora defensores mais articulados do que há 300 anos, especialmente entre os psicólogos junguianos. E a astrologia popular continua impassível. Almanaques que traziam as previsões para o ano eram vendidos aos milhares durante os séculos XVIII e XIX, e reuniões de divinadores continuam a combinar previsões de nascimento com a bola de cristal e a leitura das cartas do tarô. Entre 1780 e 1890 um grande número de defensores na Inglaterra, França, Alemanha e Estados Unidos publicou livros sobre os cálculos e interpretação de horóscopos, lançou revistas e formou sociedades de astrologia.

Apesar do seu apelo popular, a astrologia não apresentava uma base filosófica. A solução foi providenciada por Helena Petrovna Blavatsky (1831-1891), uma emigrante russa que, após várias viagens, estabeleceu-se em Nova York, na época lugar de pensadores desalojados do mundo inteiro. Em 1875 Blavatsky fundou a Sociedade Teosófica. Seu objetivo era mostrar que todas as religiões continham um núcleo comum sobre a verdade. Blavatsky foi fortemente influenciada por Platão, pelo hinduísmo e pelo budismo. Trouxe as teorias da reencarnação e do crescimento espiritual para o Ocidente. Blavatsky acreditava que a evolução da alma era o aspecto mais importante da existência humana, mais poderosa, em sua opinião, do que os detalhes da personalidade ou as circunstâncias materiais da pessoa. O legado da Sociedade Teosófica sobrevive no movimento da Nova Era: um termo amplo que inclui uma variedade de crenças e práticas espirituais "alternativas" da astrologia e aromaterapia à cura pelos cristais, canalização e ioga. Seu tema central, que foi adotado por vários astrólogos modernos, é a crença na transformação pessoal.

Foi somente na década de 1890 que a astrologia reviveu completamente devido aos esforços do mais importante inovador da astrologia ocidental moderna, William Frederick Allen (1860-1917). Allen é mais conhecido como Alan Leo, nome que assumiu porque reivindicava, inutilmente, que o seu signo ascendente era o régio Leão, apesar do signo de nascimento ser o humilde Virgem. Leo já era um astrólogo entusiasta quando conheceu Blavatsky. Trabalhando sobre as teorias de Blavatsky, insistiu que o principal propósito da astrologia não era predizer o futuro, mas compreender a natureza da encarnação atual da alma. Isto seria importante, ele acreditava, se a humanidade se dispusesse a fazer os preparativos espirituais necessários para a próxima fase da história, que ele idealizara como a chamada Era de Aquário, ou Nova Era.

As eras astrológicas ocorrem porque, devido a oscilações na órbita da terra, por um período de aproximadamente 26.000* anos os signos do zodíaco completam uma rotação no céu em relação às estrelas atuais, fenômeno conhecido como precessão dos equinócios. No sistema adotado pelos astrólogos no final do século XIX, o período de 26.000 anos foi dividido em doze eras, cada uma regida por um signo astrológico. Alan Leo observou que estávamos para entrar na Era Aquariana, que ele pensava que seria inaugurada em 1925 e que outros astrólogos acreditavam que começaria a qualquer tempo até o ano 2500. Leo acreditou que a Era de Aquário marcaria a mudança da humanidade para um nível mais elevado de conscientização espiritual, e que seria iniciada com a chegada do "Mestre do Mundo" — o próximo "Cristo". O objetivo final desta sequência de eras astrológicas era retornar ao cosmo em um estado de espírito puro e finalizar a existência material. Leo acreditava que os seres humanos serviriam

---

*Nota à edição brasileira: a precessão — terceiro movimento da Terra ao lado da rotação e da translação — dura 25.920 anos, tempo em que o eixo do planeta, inclinado, completa um giro de 360 graus.

a esta evolução cósmica através de encarnações sucessivas e afirmou que a própria astrologia não teria sentido sem a reencarnação e a lei do carma — a ideia de que as consequências dos nossos atos são levados de uma vida para a seguinte. A reencarnação e o carma tornaram-se um padrão central do dogma astrológico, sustentado por quase noventa por cento dos astrólogos. Estas crenças também proveem uma moralidade subjacente à astrologia. Embora a própria interpretação astrológica tenha uma tendência a ser moralmente neutra, a ideia de que as ações são resgatadas em uma vida futura é um grande embaraço ético no comportamento da pessoa.

Leo foi responsável por uma outra forte alteração na ideologia astrológica. Sua lógica dizia que, se a astrologia deveria ser aplicada para o crescimento espiritual, suas descrições do caráter precisavam ser mais elaboradas. De que outra forma, raciocinou ele, as pessoas poderiam identificar corretamente seus pontos fortes e fraquezas morais? Ele simplificou os procedimentos da interpretação do horóscopo focalizando no Sol que, defendeu, era o "planeta" mais importante na astrologia. Criou as descrições agora familiares dos signos zodiacais e popularizou a linguagem dos signos natais segundo a qual todos sabem se são de Áries, de Touro ou de algum outro. A proporção desta mudança necessita de alguma explicação. No final do século XIX, a interpretação astrológica levava em consideração o horóscopo inteiro, examinando as posições de todas as estrelas e planetas, e o Sol poderia vir a ficar relativamente insignificante. Alan Leo expandiu as descrições do Sol em suas várias posições no zodíaco para inúmeras centenas de palavras. Onde um livro tradicional descrevia os nativos do primeiro signo simplesmente como pessoas de cabeça quente, Leo discutia sobre os seus poderes de liderança, capacidade de iniciar novos empreendimentos e o nível simples de evolução espiritual. A sua astrologia é aquilo que é chamado de "des-tradicionalizada", pois como várias práticas espirituais contemporâneas da Nova Era, ele aproveitou uma prática antiga e a reformulou para o mundo moderno.

A influência de Alan Leo está evidente em cada livro de astrologia sobre os signos solares. Seu trabalho se espalhou pelos Estados Unidos, França, Alemanha e Índia, via Sociedade Teosófica, que distribuiu sua série maciça de oito volumes sobre cálculos e interpretações de horóscopos junto com uma coleção de manuais de bolso. Ele restaurou a base racional sobrenatural da astrologia, principalmente aquela em que as vidas futuras promovem um significado para a presente, e a vida após a morte tornou-se uma parte crucial do mito de significado astrológico.

Enquanto isso, as teorias astrológicas de Carl Gustav Jung (1875-1961) também ganhavam influência. Jung estudou medicina na Universidade da Basiléia antes de se tornar instrutor na Clínica Psiquiátrica na Universidade de Zurich em 1905. Jung praticou a astrologia para auxiliar sua forma particular de terapia, chamada de psicologia analítica, para distingui-la da psicanálise desenvolvida por seu amigo na época e mentor Sigmund Freud. Jung tinha vindo de uma tradição religiosa (era filho de um pastor da Igreja Reformada Suíça) e suas teorias psicológicas estavam ligadas às questões espirituais. Sua psicologia estava mais interessada na psique no sentido grego da alma do que no significado moderno da mente.

De várias maneiras o relacionamento entre Freud e Jung era semelhante ao de Platão e Aristóteles. Jung encarava a realidade como essencialmente espiritual, enquanto Freud via a investigação empírica da natureza como a chave para a compreensão da humanidade. Assim como Aristóteles tinha tentado definir os processos mecânicos que justificavam a mudança no cosmo, inclusive o movimento dos planetas, Freud foi fortemente influenciado pela mecânica de Newton.

Freud encarava o oculto, na verdade toda a religião, como uma consequência infeliz das pressões psíquicas nas quais impulsos psíquicos desconhecidos forçam a si mesmos na mente consciente. Ele acreditava que a astrologia proclamava essa ameaça profunda à ordem social, por isso se recusou a publicar seu primeiro estudo sobre o tema (no qual ele concluiu que as previsões astrológicas corretas eram explicadas pela telepatia) por vinte anos. Mesmo um ataque impresso à astrologia, raciocinou, poderia encorajar a crença nela. Quando Freud escreveu para Jung, pedindo que se unisse à formação de um "anteparo contra a maré negra do ocultismo", que ele temia que estivesse se espalhando pela civilização europeia, já era muito tarde. Jung acreditava que todas as teorias e práticas associadas ao Platonismo, inclusive a astrologia, eram positivamente úteis na revelação dos conteúdos da consciência, e portanto no tratamento dos pacientes.

Jung começou a estudar a astrologia em 1910. No ano seguinte escreveu a Freud: "Fiz cálculos astrológicos para descobrir a chave para a verdade psicológica... Alguns pontos notáveis surgiram e certamente parecerão inacreditáveis para você... Por exemplo, parece que os signos do zodíaco são representações do caráter, em outras palavras símbolos que

EM QUE ACREDITAM OS ASTRÓLOGOS?

representam as qualidades típicas da libido em um determinado momento."[16] Logo após o rompimento com Freud, ele declarou que "a astrologia representa a soma de todo o conhecimento psicológico da Antiguidade".[17] Foi uma frase de grande valor. No mundo clássico, os únicos textos psicológicos eram os livros de astrologia que discutiam o temperamento humano formado através da posição das estrelas.

Jung usou a astrologia pelos próximos cinquenta anos, calculando os horóscopos dos seus clientes para obter *insights* valiosos das suas psiques. Ele admitiu que mulheres da sua família, como sua filha Gret Bauman-Jung, e seu companheiro, Toni Wolfe, calculassem os horóscopos que ele então usava em suas sessões analíticas. A astrologia, como uma ferramenta no processo terapêutico, foi um componente importante no processo que Jung descreveu como individuação, através do qual uma pessoa sem perceber se torna um indivíduo autoconsciente.

Embora as referências à astrologia estejam espalhadas no trabalho de Jung, ele escreveu somente três obras principais sobre ela, todas teóricas. Uma foi um levantamento da relação entre as origens do cristianismo e a Era astrológica de Peixes, que precedeu a Era de Aquário, e que se iniciou há cerca de 2.000 anos. Outra foi o seu tributo à memória de Richard

Wilhelm, tradutor do sistema oracular chinês, o I Ching, no qual ele estabeleceu sua teoria da sincronicidade ou coincidência significativa. (Para consultar o I Ching, o consulente lança varetas — ou moedas — para buscar aconselhamento ou respostas. A maneira como as varetas ou as moedas caem corresponde a um parágrafo no Oráculo.) O terceiro livro de Jung sobre astrologia foi um estudo crítico da sincronicidade. Resumidamente, a teoria da sincronicidade defende que os eventos estão conectados puramente porque ocorrem ao mesmo tempo — não existe uma causa real que ligue um ao outro. Jung chamou essas conexões de "acausais". Desta perspectiva, a astrologia era um sistema de coincidências. Contudo, Jung complicou o ponto de vista afirmando que: "se existem diagnósticos astrológicos (eles são) devido... às nossas próprias qualidades hipotéticas de tempo."[18] Em linguagem comum, ele queria dizer que as coincidências poderiam ser significativas somente se o astrólogo as declarasse como tal; ele acreditava que o terapeuta ou astrólogo, o cliente e o cosmos estavam todos ligados por um tipo de conspiração psíquica. A inferência radical é que não poderia haver astrologia sem um astrólogo. O horóscopo é, então, não um mapa de uma verdade objetiva, mas um meio de inquirição, uma ajuda para um "pensamento a mais" — forjando associações subjetivas entre sentimentos, ideias e eventos que não estariam de outra forma conectados. Para Jung, ao seguir os princípios da magia medieval, o mundo exterior de eventos estava inexoravelmente ligado ao mundo psíquico interior, e cada um de nós se torna um participante, um cocriador em um vasto drama cósmico.

No dia 6 de setembro de 1947 Jung colocou em ordem suas visões sobre a astrologia em uma carta para o conhecido astrólogo indiano B.V. Raman:

Prezado Prof. Raman,
Já que deseja saber minha opinião sobre a astrologia, posso lhe dizer que tenho me interessado sobre esta particular atividade da mente humana por mais de trinta anos. Como psicólogo, estou profundamente interessado no esclarecimento peculiar particular que o horóscopo lança sobre certas complicações do caráter. Em casos de diagnósticos psicológicos difíceis, geralmente consulto o horóscopo para obter mais um ponto de vista de um ângulo inteiramente diferente. Devo dizer que muitas vezes descobri que os dados astrológicos elucidaram certos pontos que de outra forma eu teria sido incapaz de compreender. Devido a essas experiências, formei a opinião de que a astrologia

> é de interesse particular para o psicólogo, pois contém um tipo de experiência psicológica que chamamos de "projetada" — isto significa que descobrimos fatos psicológicos como se estivessem designados nas constelações. Isto originalmente fez surgir a ideia de que estes fatores derivam das estrelas, considerando estarem meramente em uma relação de sincronicidade com elas. Admito ser um fato muito curioso que lança uma luz peculiar sobre a estrutura da mente humana.

Jung planejou sua teoria da sincronicidade parcialmente para explicar o trabalho do I Ching, mas forneceu também uma base racional para a divinação em geral. Finalmente começou a julgar a sincronicidade como uma versão "psíquica" da teoria da relatividade de Einstein. Assim como a relatividade tinha transformado as visões do universo físico ao demonstrar que tempo e espaço eram interdependentes, Jung desejou mostrar como as pessoas e o mundo material são psiquicamente interdependentes.

Jung relacionou deliberadamente todas suas teorias com exemplos clássicos. Comparou a sincronicidade com a "causalidade formal' de Aristóteles e buscou em Platão a sua teoria dos arquétipos, que introduziu em seu estilo enigmático usual. "Arquétipos", escreveu, "são como leitos de rios que ficam secos quando a água evapora deles, mas que podem encontrá-la novamente a qualquer tempo. Um arquétipo é como um antigo curso d'água ao longo do qual a água da vida fluiu por séculos, cavando um canal profundo para si mesma".[19] Jung criou personalidades arquetípicas como o senex, o velho Merlin, ou o puer, a criança que como Peter Pan, não quer crescer. Os astrólogos que são influenciados pelas ideias de Jung falam sobre os planetas como os próprios arquétipos ou como representantes de um arquétipo. Saturno, cujo caráter astrológico há muito tempo tem sido representado como o Tempo — um ancião carregando uma foice — é um encaixe perfeito para o senex. A anima, o arquétipo feminino, é uma representação para o planeta Vênus, que é conhecido como a deusa do amor; o animus, o arquétipo masculino, está ligado ao deus Marte, o deus da guerra, e o puer é identificado com Mercúrio.

Os junguianos muitas vezes se referem a uma coisa, evento ou comportamento de uma pessoa como arquetípico, querendo dizer que é de alguma forma condizente com a sua natureza mais profunda ou que está sintonizado com a situação do momento. Os críticos da teoria dos arquétipos destacam que, embora seja satisfatória, ela permanece indemonstrável; nunca alguém poderá provar que um arquétipo existe. Pior ainda, não existe limite para o número de arquétipos que podem ser projetados. Isso não evitou o surgimento de um ramo da astrologia arquetípica por psicólogos como James Hillman, que a classifica como um exercício terapêutico prático. Hillman argumenta que "da perspectiva arquetípica, os deuses se manifestam na e através da vida humana" e ele fala de um "reino imaginário" que contém "os poderes carregando o nome dos planetas e os mitos representados pelas constelações".[20] Os deuses e deusas celestes não são mais deidades independentes do mito, mas uma dinâmica psicológica inconsciente.

Uma outra característica do pensamento junguiano precisa ser levada em consideração: ele era cristão. Embora houvesse muita sobreposição entre suas ideias e as dos teosofistas, especialmente a importância atribuída à astrologia como um meio para preparar a chegada espiritual da Era de Aquário — Blavatsky e Alan Leo consideravam bem mais os ensinamentos não cristãos como os de Platão e a filosofia hindu. Havia uma revolta contra a "teosofia oriental" de Blavatsky incitada por um grupo de cristãos esotéricos; eles estavam interessados no que classificavam como os ensinamentos espirituais interiores do Cristo e desconsideravam o dogma formal da igreja cristã. Estes ensinamentos interiores eram derivados de Platão e preocupavam-se em se aproximar de Deus — e Cristo — através de práticas como a magia, a meditação e o estudo intelectual. Jung fazia parte desta corrente de cristianismo esotérico junto com dois destacados teosofistas do início do século XX: Rudolf Steiner e Alice Bailey. Tanto Steiner quanto Bailey acreditavam que a Era de Aquário seria marcada por uma elevação na "conscientização do Cristo" nas almas das pessoas iluminadas. Entre eles, Jung, Steiner e Bailey tinham sido responsáveis pela preservação de um forte elemento de crença cristã nos círculos da Nova Era. Isto, por sua vez, tinha influenciado os astrólogos. Os números indicam que menos de um décimo dos astrólogos se consideram como membros de igrejas protestantes ou católicas, um quarto no Reino Unido e metade nos Estados Unidos acreditam em Deus, e um pouco menos acredita em um Deus pessoal que responde às orações. Os números sugerem que o astrólogos possuem níveis favoravelmente altos de crença religiosa, mas têm pouca simpatia pela religião tradicional, organizada.

5

Interpretando os signos

Três principais escolas de pensamento dominam a astrologia contemporânea. Elas se excluem mutuamente, embora cada uma abrigue extremistas que veem os membros das outras como desorientados ou anômalos. A primeira abordagem é psicológica; o mapa natal é lido como uma descrição do caráter, e a astrologia visa somente a autocompreensão. A segunda é espiritual ou esotérica; o objetivo da astrologia é avaliar o propósito da alma nesta encarnação e encorajar o crescimento espiritual. A terceira é voltada para os eventos; a principal função da astrologia é descrever as circunstâncias da vida e prever os eventos.

Comum a todos os astrólogos — o que define sua profissão — é a capacidade de calcular e interpretar os horóscopos. O horóscopo é um mapa esquemático dos céus, captado em um determinado momento. É calculado utilizando-se o momento exato, a data e o local (tão exatamente quanto possível — em geral utilizando os dados da cidade mais próxima) para o evento a ser considerado baseado na convicção de que a relação da pessoa com o universo é definida precisamente pelas funções entrelaçadas de tempo e espaço. Os cálculos podem ser feitos a mão em cerca de quinze minutos utilizando-se tabelas, porém atualmente bastam somente alguns segundos se for usado um software adequado. Um mapa natal é um horóscopo baseado no momento do nascimento. Somente para confundir um pouco mais, as colunas dos signos solares, características de jornais e revistas mais populares, são também conhecidas coloquialmente como horóscopos.

Cada planeta, signo zodiacal e casa possui um significado ou expressão derivado da medieval Cadeia do Ser. A maioria dos astrólogos modernos atribui os seguintes significados aos planetas. (Para fins astrológicos, Sol e Lua são considerados planetas.)

EM QUE ACREDITAM OS ASTRÓLOGOS?

- ☉ Sol: o "eu", self ou ego.
- ☽ Lua: a mãe, o lar, segurança, capacidade de cuidar.
- ☿ Mercúrio: comunicação e pensamento.
- ♀ Vênus: o princípio feminino, as artes e buscas prazerosas.
- ♂ Marte: o princípio masculino, energia e agressão.
- ♃ Júpiter: crença, esperança, expansão e otimismo.
- ♄ Saturno: dúvida, contração, restrições, limites.
- ♅ Urano: revolução, independência, individualidade.
- ♆ Netuno: sonhos, ilusões, delírios.
- ♇ Plutão: profundidade, poder, paixão.

Cada signo do zodíaco possui seu próprio grupo de princípios e, na astrologia tradicional, associações específicas com lugares e objetos.

- ♈ Áries (Carneiro): energia, iniciativa, afirmação.
- ♉ Touro (Touro): estabilidade, praticidade, sensualidade.
- ♊ Gêmeos (Gêmeos): comunicação, ideias, flexibilidade.
- ♋ Câncer (Caranguejo): afirmação, energia, emoção.
- ♌ Leão (Leão): estabilidade, energia, entusiasmo.
- ♍ Virgem (Virgem): praticidade, flexibilidade, pureza.
- ♎ Libra (Balança): comunicação, equilíbrio, harmonia.
- ♏ Escorpião (Escorpião): estabilidade, emoção, intensidade.
- ♐ Sagitário (Arqueiro): energia, flexibilidade, otimismo.

- ♑ Capricórnio (Cabra): afirmação, praticidade, conservadorismo.
- ♒ Aquário (Aguadeiro): estabilidade, comunicação, idealismo.
- ♓ Peixes (Peixes): emoção, flexibilidade, sensibilidade.

As descrições dos signos solares primeiro elaboradas por Alan Leo na década de 1890 desenvolveram-se nos últimos cem anos em traços detalhados de personalidade. O primeiro encontro da maioria das pessoas com um astrólogo é através de uma descrição do seu signo de nascimento — o signo zodiacal onde o Sol se encontrava no momento do seu nascimento (assim como o Sol parece mover-se em torno da Terra durante o ano, por cerca de um mês ele atravessará cada um dos doze signos zodiacais) — ou da coluna de uma revista que faz previsões para os signos de nascimento. Embora seja a parte mais conhecida da astrologia, muitos astrólogos consideram estas previsões como relativamente insignificantes em suas interpretações dos mapas natais. Charles Harvey, um dos astrólogos ingleses mais importantes do século XX, disse que essas colunas contribuíam com cerca de cinco por cento da sua interpretação de um mapa natal. As datas em que o Sol entra nos signos variam em um dia para mais ou para menos.

EM QUE ACREDITAM OS ASTRÓLOGOS?

SOL EM ÁRIES (21 de março a 20 de abril)
Áries é o primeiro signo do zodíaco e possui uma natureza ígnea, regido pelo vigoroso Marte. Por isso estas pessoas são decididas e autointeressadas. São líderes natos, gostam de iniciar novas aventuras, mas podem confiar nos outros para realizar as tarefas. Fazem inimigos ao ignorar o bem-estar das pessoas, porém conquistam seguidores leais ao exercer seu poder com cuidado e generosidade.

SOL EM TOURO (21 de abril a 21 de maio)
Os tipos com Sol em Touro são essencialmente conservadores e apreciam a estabilidade. Apoiam-se no passado, preservando o melhor e recusando-se a soltar o pior. São sensuais e criativos, porém sem ambição e lentos para reconhecer uma oportunidade. Sua fidelidade natural é mesclada pela sua deficiência teimosa em não mudar.

SOL EM GÊMEOS (22 de maio a 21 de junho)
Os geminianos são essencialmente intelectuais e requerem um constante estímulo mental. Pensadores, palestrantes, leitores e escritores, estas pessoas precisam estar envolvidas na aquisição e comunicação do conhecimento. Podem também gostar de viajar, sendo natural para elas serem taxistas ou carteiros tanto quanto professores ou jornalistas.

SOL EM CÂNCER (22 de junho a 23 de julho)

Os sensíveis cancerianos são movidos por emoções poderosas, que geralmente tentam ocultar por trás de uma máscara pública. Cancerianos não gostam de assumir riscos; a segurança familiar e doméstica é a chave para sua felicidade e, quando se sentem seguros, ficam livres para expressar seu cuidado e qualidades maternais compassivas ao máximo. Quando privados da segurança, podem usar uma linguagem áspera, cínica e amarga.

SOL EM LEÃO (24 de julho a 23 de agosto)

Os leoninos são criativos no sentido mais amplo, e para eles o mundo inteiro é um palco. São orgulhosos, suntuosos e generosos ou vazios, egoístas e perdulários. São instintivamente fiéis, porém facilmente distraídos pela bajulação. Sua resistência à mudança pode ser o ponto fraco principal. Algumas vezes acham que, após terem estado no centro do palco, o mundo passa deixando-os sem recursos.

SOL EM VIRGEM (24 de agosto a 23 de setembro)

Idealistas, perfeccionistas e práticos, os virginianos podem se autossacrificar colocando uma causa maior à frente de seus próprios interesses. Requerem um propósito prático na vida e insistem que isso deve mostrar resultados concretos. Os padrões elevados podem torná-los excessivamente críticos; o autocriticismo muito frequente diminui sua autoconfiança. Possuem habilidades de organização e capacidade para cooperar com detalhes.

EM QUE ACREDITAM OS ASTRÓLOGOS?

SOL EM LIBRA (24 de setembro a 23 de outubro)
O equilíbrio em todos os aspectos da vida domina os librianos. Eles não conseguem tolerar um ambiente hostil ou um comportamento grosseiro, e muitas vezes são hábeis em criar um cenário belo e tranquilo. Em geral o sentido de equilíbrio é atingido através dos relacionamentos — além das maneiras agradáveis e da aparência atraente. Os librianos podem ser dependentes demais do apoio e da aprovação das outras pessoas.

SOL EM ESCORPIÃO (24 de outubro a 22 de novembro)
Emocionais, intensos e perceptivos, os tipos escorpianos são dirigidos pelos instintos do inconsciente. No seu melhor aspecto possuem uma compaixão profunda e uma poderosa energia de cura, mas quando magoados ou rejeitados podem com muita facilidade se retraírem para uma negra depressão. Os escorpianos precisam aprender a aceitar, lidar e expressar seus próprios sentimentos profundos, tempestuosos e ocasionalmente obsessivos.

SOL EM SAGITÁRIO (23 de novembro a 22 de dezembro)
Estas pessoas são aventureiras e buscadoras da verdade. Algumas são intelectuais que partem em buscas filosóficas ou religiosas. Outras procuram a experiência e o crescimento pessoal através de viagens ao exterior. Podem ajudar a si mesmas estabelecendo um sentido de segurança interior. Podem

inspirar os outros com seu entusiasmo, mas talvez lhes falte um pouco de tato.

SOL EM CAPRICÓRNIO (23 de dezembro a 20 de janeiro)
Conservadores e práticos, os capricornianos muitas vezes seguem uma vida materialista, julgando pessoas e oportunidades por considerações financeiras, busca de uma posição, prestígio ou posses. Contudo, possuem emoções muito profundas que, com frequência, passam despercebidas ou não são reconhecidas. Valerá o esforço trabalhar para expressar seus sentimentos de maneira mais direta e abertamente.

SOL EM AQUÁRIO (21 de janeiro a 19 de fevereiro)
Os aquarianos aspiram a ser diferentes. Possuem uma reputação de progressistas, radicais e excêntricos, muitas vezes merecida. Detestam ser cerceados e preservam sua independência. Muitas vezes parecem ser extremamente autoconfiantes, mas podem sofrer com opiniões inconvenientes a respeito de seus próprios talentos. Precisam aprender a integrar suas ideias radicais à vida prática.

SOL EM PEIXES (20 de fevereiro a 20 de março)
Sensíveis e emotivos, os piscianos são sonhadores imaginativos. Com frequência preferem a segurança da fantasia particular à confusão e aborrecimentos da vida real. Muitas vezes não são práticos e evitam problemas e conflitos simplesmente desaparecendo

quando eles surgem. Piscianos são simplesmente incapazes de assumir um compromisso ou de tomar decisões. Mas, se descobrirem uma causa ou um interesse pessoal profundo (talvez artístico, filosófico ou caritativo), eles o seguirão com uma dedicação inabalável enquanto permanecem indiferentes aos assuntos do dia a dia.

Cada signo assume uma parte do seu caráter por analogia do seu animal regente: Leão é o rei da selva, Escorpião gosta de se esconder, enquanto o centauro Sagitariano lança sua seta no horizonte. Uma pessoa nascida com o Sol em Áries pode ser vigorosa e inclinada a tomar a iniciativa, mas se a sua Lua estiver em Câncer e Marte e Vênus em Peixes, ela também poderá ser emotiva e sensível. O astrólogo descobre em quais áreas de vida essas características aparecem observando as casas, as doze divisões do céu arrumadas em sequência no sentido contrário ao movimento dos ponteiros do relógio começando no horizonte oriental.

- Primeira casa: o indivíduo.
- Segunda casa: dinheiro, posses, segurança.
- Terceira casa: educação, comunicação, irmãos.
- Quarta casa: lar, segurança, pais.
- Quinta casa: filhos, criatividade, prazer.

- Sexta casa: trabalho, serviço, saúde física.
- Sétima casa: relacionamentos íntimos, parcerias, casamento.
- Oitava casa: morte, dinheiro.
- Nona casa: viagens, religião, a lei.
- Décima casa: carreira, antepassados.
- Décima primeira casa: amigos, *persona* social.
- Décima segunda casa: reclusão, sonhos, o inconsciente.

Os planetas, estrelas e casas são interpretados em combinação entre si; cada sobreposição ou elemento relacionado adiciona uma camada de profundidade. Uma mulher nascida com o Sol em Áries será agressiva. Se ela nascer perto da meia-noite, o Sol estará na sua quarta casa, indicando que seus instintos agressivos serão mais fortemente sentidos em casa. Então imagine que esta mulher nasceu com a Lua em Peixes, sendo sensível e ansiosa para evitar confrontos. Se a Lua estiver então na casa dez, regendo sua carreira, ela pode parecer muito tímida e retraída em público — bem diferente de um nativo de Áries.

A posição torna-se mais complicada quando os aspectos planetários estão incluídos na interpretação. Eles são as distâncias entre os planetas medidas em graus. Os significados dos planetas combinam-se de uma maneira poderosa quando se encontram em conjunção: com no máximo oito graus de distância entre si. Se Mercúrio, o regente da comunicação, estiver em conjunção com Saturno, planeta das limitações, então o modo de falar deste indivíduo será provavelmente recortado e controlado, porém eficaz. Quando os planetas estão entre 82 e 98 graus de afastamento, eles estão em quadratura, e entre 172 e 180 graus estão em oposição; estar em quadratura ou oposição indica uma relação difícil entre os planetas. A pessoa nascida com Marte (que representa a energia) em quadratura ou oposição a Júpiter (que simboliza o excesso) deve ter um problema para controlar seu humor. Mas quando os dois planetas estão em sextil, afastados entre 56 e 64 graus, ou em um trígono, afastados entre 112 e 128 graus, os efeitos são harmoniosos. O indivíduo nascido com Vênus (que representa os afetos) em trígono ou sextil com Netuno (que simboliza os sonhos e as ilusões) pode ser um romântico típico.

O horóscopo é geralmente traçado em formato circular, embora na Índia ainda seja utilizado um estilo quadrado, mais antigo. O horóscopo é calculado segundo a localização geográfica do evento — o nascimento de um bebê no caso de um mapa natal — marcada no centro e as posições dos planetas e do zodíaco marcadas no círculo externo. Algumas vezes linhas retas são traçadas entre os planetas para indicar os aspectos ou distâncias angulares entre eles. As posições dos planetas no zodíaco são as mesmas em qualquer horóscopo calculado para o mesmo momento. Porém outros fatores causam mudanças; as doze 'casas', que representam as diferentes áreas da vida como o lar, a carreira, os amigos e as finanças, variam de acordo com a localização para qual o horóscopo é calculado. Se dois bebês nascerem exatamente no mesmo momento no tempo, porém um em Londres e o outro em Nova York, um grau diferente do zodíaco estará surgindo em cada lugar, e o ascendente e as posições dos planetas nas casas serão inteiramente diferentes. Uma separação de quinze minutos pode fazer uma grande diferença nas posições dos planetas nas casas, enquanto que em duas horas todos os planetas terão se movido para casas diferentes. A leitura de mapas para duas pessoas nascidas no mesmo dia, porém com várias horas de diferença, mesmo sendo no mesmo país pode, portanto, ser radicalmente diferente.

O ascendente (grau do zodíaco que está no horizonte oriental) é mostrado no lado da mão esquerda e marca o início das casas, que são então dispostas no sentido do movimento dos ponteiros do relógio para a direita em torno do mapa. Uma vez inseridos estes dados básicos, o astrólogo decide quais outras informações ele deverá usar. Alguns utilizam pontos médios entre os planetas que combinam o simbolismo de ambos; diz-se que o ponto médio entre Vênus, o planeta do amor, e Marte, símbolo da energia, por exemplo, revela as perspectivas de relacionamentos apaixonados. Outros astrólogos usam as estrelas, apoiando-se em textos antigos como o *Tetrabiblos* de Ptolomeu para buscar informações. Os mais estranhos, até para os astrólogos, são os asteroides. Existem milhares destes pequenos corpos, a maioria localizada no cinturão de asteroides entre Marte e Júpiter. Vários asteroides possuem nomes pessoais que produzem coincidências "estranhas". Uma história típica fala de um homem que nasceu quando o Sol estava em conjunção com o asteroide Wendy e se casou com uma mulher com o mesmo nome. Para os astrólogos, estes elos demonstram conexões íntimas entre cada pessoa e o cosmo. Cada fator astrológico, ou combinação de fatores, possui uma gama de significados que se entrelaçam para criar um cenário plausível ou grupo de possibilidades ligadas ao cliente.

O mapa natal é dinâmico: uma vez estabelecidos os dados básicos, o astrólogo pode sobrepor a posição dos planetas nos meses e anos seguintes, e predizer estágios na vida. Digamos que um horóscopo foi calculado com Marte em Peixes e Vênus em Áries. Após um curto período, talvez algumas semanas, Marte terá passado de Peixes para Áries e atingido o ponto originalmente ocupado por Vênus. Como Vênus representa o amor e Marte indica a energia, o dia em que este evento ocorrer poderá ser de grande paixão. Vênus, naturalmente, terá se afastado desta posição original neste momento e poderá estar ligado a um terceiro planeta, o que complicará ainda mais a interpretação. Se estiver ligado a Júpiter, que simboliza o crescimento e a expansão, o astrólogo preverá uma paixão ilimitada e flamejante.

Todas as unidades de tempo se correspondem entre si; como tudo no cosmo, elas fazem parte da Grande Cadeia do Ser. Portanto, acredita-se que o dia, a semana, o mês e o ano refletem um ao outro. O meio-dia corresponde à lua cheia e ao solstício de verão, enquanto que a meia-noite se iguala à lua nova e ao solstício de inverno. Baseados nestas correspondências, os astrólogos podem calcular o futuro através de "progressões secundárias". Presume-se que cada dia após o nascimento seja equivalente a um ano de vida. O astrólogo observará a disposição dos planetas no décimo terceiro dia de vida de uma pessoa para antecipar prováveis desenvolvimentos no décimo terceiro ano. Se Marte e Vênus se encontraram quando um bebê estava com trinta dias de vida, a previsão astrológica seria de grande paixão em seu trigésimo ano.

O número de fatores que um astrólogo pode incluir em uma interpretação pode chegar a milhares, embora a limitação do tempo signifique que eles devam ser bem menos, talvez cerca de cinquenta. Qual informação incluir, além dos planetas, signos zodiacais e casas, é questão de arbítrio individual. A proliferação de técnicas de interpretação pode conduzir a leituras contraditórias. A maioria dos astrólogos utiliza aquilo que é importante para eles, recorrendo à ideia junguiana de que o astrólogo é a figura central do processo e a técnica somente uma parte da equação. Outros astrólogos discordam fortemente, argumentando que testes científicos são necessários para demonstrar quais as técnicas que funcionam. Entretanto, todos eles concordam que a interpretação se apoia na sua capacidade de sintetizar o cenário inteiro, equacionar as contradições e equilibrar os julgamentos mais refinados. Alguns encaram os cálculos e a interpretação de um horóscopo como um ato ritualístico intuitivo que lhes possibilita sintonizar a interpretação correta. Para outros trata-se somente de uma questão de seguir as regras.

> Duas famílias, semelhantes em sua dignidade,
> Na bela Verona, onde instalamos o nosso cenário,
> De um antigo ressentimento surgiu uma nova revolta, Onde o sangue civil mancha as mãos civis.
> Daí por diante lutas fatais destes dois inimigos,
> Um par de amantes marcados nas estrelas tirou suas vidas;
>
> Shakespeare, no prólogo de *Romeu e Julieta,* introduz o tema dos amantes marcados nas estrelas, os trágicos adolescentes destinados pelos seus horóscopos a nunca ficarem juntos.

Um cliente com frequência trará os horóscopos de seus filhos e parceiros para a consulta. Para examinar os relacionamentos, os astrólogos empregam várias técnicas. Uma é comparar todos os planetas nos dois mapas, prática conhecida como sinastria. Outra é montar um horóscopo totalmente novo, composto, que pode ser baseado, por exemplo, no ponto médio, tanto no tempo quanto no espaço, entre os nascimentos das duas pessoas.

A astrologia popular tende a focalizar as noções simples de compatibilidade, argumentando que os nativos de Áries são supostamente compatíveis com os leoninos e sagitarianos, taurinos com os nativos de Virgem e capricornianos, geminianos com librianos e aquarianos, e cancerianos com escorpianos e piscianos. Essas noções funcionam para o mercado em geral, porém será bem mais adequado perguntar em termos gerais sobre a natureza de um relacionamento e a maneira como dois indivíduos funcionam em circunstâncias diferentes. Por exemplo, eles podem se apaixonar, mas serem incapazes de trabalhar juntos; ter filhos, porém incapazes de viver juntos. Um dos personagens mais famosos que utilizava a sinastria foi a rainha Elizabeth I, cujo astrólogo, John Dee, examinou os horóscopos de maridos em potencial — e nenhum deles passou evidentemente no teste cósmico.

A realeza britânica há muito tempo consulta os astrólogos. A rainha Elizabeth II é conhecida por desaprovar a astrologia por motivos religiosos, porém sua mãe, a rainha-mãe Elizabeth, e sua irmã mais nova, a princesa Margaret, ambas tiveram os seus horóscopos interpretados nas décadas de 1970 e 1980; a publicação do mapa natal da princesa Margaret no jornal Sunday Express em agosto de 1930 inaugurou a moderna tradição da astrologia popular na imprensa britânica. As visitas da princesa Diana aos astrólogos nas décadas de 1980 e 1990 são provavelmente as mais conhecidas. Na década de 1980 Diana estava profundamente descontente com sua vida e procurou a astróloga Penny Thornton.

Temos a seguir o mapa natal da princesa Diana calculado para Sandringham, seu local de nascimento. O círculo externo mostra os signos do zodíaco. Os planetas estão colocados no círculo interno, cada um próximo ao símbolo do signo no qual ele está localizado. Por exemplo, o Sol (☉) está em Câncer (♋). As linhas horizontais no meio representam o horizonte. O horizonte oriental está à esquerda e o símbolo de Sagitário (♐) indica seu ascendente — o grau do zodíaco que estava surgindo sobre o horizonte oriental. As linhas no círculo do centro representam os aspectos — as distâncias entre os planetas.

Mapa natal de Diana, princesa de Gales

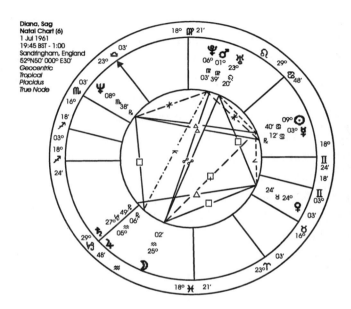

O horóscopo de Diana mostra um padrão planetário verdadeiramente explosivo. É o horóscopo de uma feminista e revolucionária, uma mulher que provavelmente fará uma reviravolta em sua vida. O Sol de Diana está em Câncer, revelando uma natureza sensível e nutridora, embora intimamente ambiciosa. (Quando adolescente Diana tinha uma foto do príncipe Charles pendurada em uma parede do seu quarto — que maior ambição poderia ter uma jovem do que aspirar a se casar com o futuro rei?) Sua Lua está em Aquário, signo da rebeldia que busca fazer as coisas de maneiras novas. Ao se recusar a se submeter à tradição real, que exigia que, independente do seu relacionamento desfavorável com Charles, ela não se abatesse e permanecesse em seu lugar, Diana desafiou a estrutura do Sistema.

A hora dada pelo palácio de Buckingham para o nascimento de Diana coloca seu ascendente em Sagitário (♐, mostrado no mapa acima), signo conhecido por sua coragem e espírito independente. Diana tinha também uma Lua (☽) poderosa ligada a Urano (♅) em seu mapa, indicando uma relutância para aceitar restrições. A posição de Vênus (♀) a 90° da Lua e de Urano somente intensifica essa tendência, adicionando obstinação e intensidade emocional. Os astrólogos descrevem a maneira como este padrão indica "tensão nervosa (e) rompimento com amigos", e "tristeza ou catástrofe através de amizades e alianças".[21] Em seu livro *With Love from Diana*, Thornton escreveu que este aspecto deixou Diana "emocionalmente volátil, sendo improvável manter o curso de um casamento".[22] Mesmo se nos voltarmos para o autor do século IV, Julius Firmicus Maternus, o último grande astrólogo da era clássica, lemos que um aspecto Vênus-Lua sugere "fama e posição elevada à custa de má vontade" e "suspeitas, disputas ou conflitos" no casamento.[23]

Várias pessoas que conheceram e amaram Diana testemunharam sua volatilidade emocional. Diana era conhecida por usar a mídia para seu trabalho e como uma ferramenta de sobrevivência quando se sentia ameaçada pelo poder dos seus "parentes". Embora também pudesse se esquivar da imprensa — considerado compreensível devido à natureza obsessiva da atenção que despertava. A mídia podia se sentir desconcertada com a atitude contraditória de Diana, mas seu horóscopo era repleto de paradoxos. Câncer é um signo complexo, uma mistura de extrema sensibilidade e ambição poderosa. A tendência canceriana de se afastar após uma mágoa é mesclada com uma determinação implacável de se vingar, e isto Diana conseguiu fazer em duas ocasiões importantes: ao colaborar secretamente com o livro de Andrew Morton, *Diana: Sua história verdadeira*, e na conhecida entrevista para o programa *Panorama*, onde desafiou a adequação de Charles para o cargo de rei e anunciou que nunca seria rainha.

Como uma astróloga psicologicamente preparada, Thornton não se contentou meramente em descrever o caráter de Diana ou predizer possíveis eventos. Ela também estava preocupada em ajudar Diana a encontrar uma saída para sua difícil situação. Sugeriu que as inclinações psicológicas de Diana tornariam virtualmente impossível para ela aceitar as convenções restritivas da monarquia e aconselhou que as tensões com o marido e parentes poderiam se mostrar autodestrutivas. Diana poderia ajudar a si mesma, concluiu, ao redirecionar sua energia para projetos construtivos, e aconselhou a princesa a se dedicar a atividades positivas. Este conselho guiou Diana para seu trabalho com pessoas com Aids, visitas a campos para desabrigados e o envolvimento em campanhas para proibir as minas terrestres. Diana não poderia mudar seu mapa ou seu caráter, mas foi capaz de decidir como reconciliar os impulsos conflitantes.

O horóscopo do príncipe Charles tinha sido publicado pelo astrólogo britânico Charles Carter na década de 1950. Ele observou que vários monarcas tinham nascido quando Júpiter (♃), planeta que recebeu o nome do rei dos deuses na antiga Roma, estava fortemente em posição de destaque e notou que este não tinha sido o caso quando Charles nasceu. Concluiu que o jovem príncipe não tinha um "mapa de realeza". Podemos admitir que um dos astrólogos de Diana revelou a ela esta opinião conhecida por muitos. Isto certamente explicou seus comentários durante a entrevista para o *Panorama*.

A astrologia nunca foi capaz de prever a morte. Mesmo na época em que os astrólogos fizeram previsões precisas para cada área da vida, as regras estabelecidas em textos como o *Tetrabiblos* de Ptolomeu permitiam previsões somente de períodos de baixa vitalidade, mas nunca a própria morte. Penny Thornton estava preocupada com a dinâmica da psique da princesa e teria considerado essa questão completamente fora da sua autoridade, e provavelmente além do alcance também da astrologia.

6

Como usar a astrologia

Astrologia de previsão

A astrologia tradicional afirma que as divindades celestes existem em comunicação constante com a humanidade, e que os movimentos das estrelas e dos planetas são a "escrita dos céus". Na visão do mundo da magia, palavras, faladas ou escritas, possuem o poder de mudar o mundo de modo tão eficazmente quanto os atos físicos, talvez ainda mais; alguns argumentam que a linguagem dos céus é uma poderosa ferramenta de previsão. Muitos astrólogos utilizam a previsão como parte da sua prática. Em meados de 1980, um grupo de astrólogos reagiu contra as teorias de Alan Leo e C. G. Jung, preocupados com a autocompreensão e crescimento psicológico ou espiritual. Eles se voltaram para as técnicas astrológicas medievais, clássicas e indianas em busca de uma oportunidade melhor para previsões acuradas. Outros astrólogos se ressentiram deste "renascimento tradicional" e o classificaram como um retorno à antiga e desfavorável época da previsão medieval fatalista. Contudo, estes debates ressaltam a diversidade que caracteriza a astrologia moderna.

> Se você estuda a astrologia a partir de um ponto de vista psicológico ou de aconselhamento com a intenção de ajudar os indivíduos a se libertarem de seus padrões habituais condicionados, e então como astrólogo você começa a prever o trânsito de Saturno pela sétima casa como uma crise em seu relacionamento, você estará sendo inconsistente em seu pensamento. O paradigma terapêutico psicológico é que os indivíduos podem mudar suas respostas essenciais às situações, porém o modelo astrológico implica que a previsão do futuro só pode ser possível quando esse futuro já foi predeterminado. A astrologia psicológica parece ser um oximoro.
>
> Entrevista com Demetra George, conferência no Kepler College, Seattle, sobre os problemas de lidar com o destino na astrologia contemporânea.

Os céticos dizem que mais cedo ou mais tarde um astrólogo estará fadado a fazer uma previsão correta, ou citarão o "Efeito Barnum", onde a pesquisa mostra que as pessoas concordarão com qualquer coisa que for dita sobre elas na maior parte do tempo. Os astrólogos devem também estar atentos à profecia que se autorrealiza, uma previsão que, tendo sido feita, é executada deliberadamente ou inconscientemente. A visão principal atual entre os astrólogos é que a previsão exata é impossível, porque as variáveis são muitas, ou indesejável porque ela diminui a responsabilidade do indivíduo pelas suas escolhas. A fórmula aceita é que quando os astrólogos olham o futuro, eles estão antecipando as tendências, lançando uma luz sobre os desenvolvimentos latentes mais do que prevendo-os como algo inevitável. Um indivíduo pode vivenciar dificuldades no relacionamento, mas se elas resultarão em um rompimento no casamento ou aprofundarão a relação é uma questão de responsabilidade pessoal. Se uma separação for inevitável, então pelo menos o indivíduo pode decidir como responder à situação.

Para a maioria das pessoas o tempo é concebido como algo linear, como uma flecha, disparada para o desconhecido. A visão de tempo da astrologia é essencialmente cíclica. Porém, quando a pessoa retorna ao mesmo ponto em um ciclo, nada é totalmente igual como foi da vez anterior. As estrelas e planetas podem estar na mesma posição relativa, mas o mundo se moveu. É este sentido de uma repetição mais ampla que dá aos astrólogos a confiança de perscrutar o futuro.

A prioridade da astrologia é auxiliar a administração do presente, baseada na premissa de que alguns momentos são mais favoráveis para realizar determinadas tarefas do que outros, uma ideia utilizada e encontrada em várias práticas religiosas como a Páscoa cristã, o Rosh Hashaná judaico, o Ramadã islâmico e o Divali indiano, todos ligados às cerimônias sazonais antigas de adoração. A Páscoa é comemorada no primeiro domingo depois da primeira lua cheia após o equinócio da primavera (outono no hemisfério sul) — 21 de março — quando o dia e a noite são exatamente iguais. A visão da lua crescente que marca o início do mês nos calendários judaico e islâmico é um momento de grande importância.

> Para tudo existe um tempo,
> E um tempo para cada questão sob o céu,
> Um tempo para nascer e um tempo para morrer;
> Um tempo para plantar e um tempo para colher aquilo que foi plantado,
> ... um tempo para chorar, e um tempo para rir;
> Um tempo para prantear e um tempo para dançar;
> ... um tempo para a guerra e um tempo para a paz.
>
> Eclesiastes, 3:1-8

O tempo é o princípio estrutural dominante na astrologia. O aforismo de Jung de que "tudo que nasce ou é feito neste momento em particular do tempo possui

EM QUE ACREDITAM OS ASTRÓLOGOS?

a qualidade deste momento do tempo"[24] é amplamente citado para apoiar a visão de que a natureza de um evento está tão relacionada com o tempo no qual ele ocorre quanto as condições socioeconômicas, tendências psicológicas ou pressões biológicas que o sustentam. Não que seja o tempo que faça as coisas acontecerem; ele as anuncia. Em termos simples, um bebê nascido às quatro horas é diferente de outro nascido às três precisamente porque a qualidade do tempo mudou. Os astrólogos brincam que sempre que alguma coisa importante acontece, a primeira coisa que eles fazem é conferir o horário.

As qualidades mutantes do tempo são anunciadas pelos movimentos das estrelas e dos planetas. O ciclo de Mercúrio está ligado a todos os assuntos mercuriais, por exemplo as comunicações. O ciclo de Marte está correlacionado com a raiva, a agressão e a guerra. Quando Marte e Mercúrio se encontram em um alinhamento importante, em lados exatamente opostos do zodíaco, suas qualidades se combinam e o momento pode ser apropriado para uma comunicação raivosa ou agressiva. O estatístico francês Michel Gauquelin conduziu uma enorme pesquisa na década de 1950 que demonstrou a probabilidade estatística de que os indivíduos nascidos com determinados planetas surgindo no horizonte oriental, ou culminando no ponto mais alto no céu, são, de certa maneira, inclinados a atingir um sucesso marcante em determinadas carreiras. Os escritores estão ligados à Lua, políticos e atores a Júpiter, cientistas a Saturno e atletas a Marte. Embora sua pesquisa ainda seja fortemente contestada, ela fornece a única evidência estatística para as teorias de Jung sobre o tempo.

Mapa natal de John Lennon

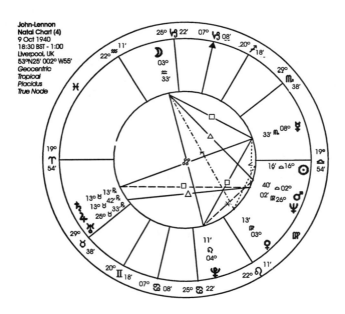

EM QUE ACREDITAM OS ASTRÓLOGOS?

John Lennon, o Beatle assassinado em 1980, é utilizado com frequência pela astrologia. Em 1969 ele e Yoko Ono consultaram o astrólogo britânico Roger Elliot. John disse a Elliot que nascera às 18h30 do dia 9 de outubro de 1940. Em outras ocasiões ele mencionou horários diferentes para seu nascimento, mas este fora confirmado pela sua tia Mimi, que o criou.

A consulta de Elliot com John e Yoko foi confidencial, mas nós podemos reconstruir uma parte do que o astrólogo teria dito ao estudar o mapa natal de Lennon. Lennon nasceu com o Sol (O) no diplomático e artístico Libra (♎), mas com o agressivo e vigoroso Áries (♈) como ascendente, indicando que Lennon poderia procurar ou evitar o confronto dependendo da companhia que ele optasse. A Lua (☽) em Aquário (♒), revelando uma necessidade de relacionamentos incomuns e independência emocional, estava em oposição a Plutão (♆), uma posição que indica paixões de tal intensidade que podem ser difíceis de controlar. Na época da consulta, Saturno (♄) estava retornando ao ponto do mapa de nascimento de Lennon, padrão que os astrólogos classificam como um ponto de retorno importante e que Elliot deve ter ligado à desintegração gradual dos Beatles, que estava vindo a público.

Em 1974, quando John e Yoko se mudaram para Nova York, eles começaram a se consultar com o astrólogo, sensitivo e tarólogo John Green, que depois escreveu um livro sobre suas experiências chamado *Dakota Days*. Segundo Robert Rosen, em sua biografia de Lennon, *Nowhere Man*, John e Yoko pediram conselhos a Green em relação a todas as áreas de vida, desde a sexual até investimentos em títulos futuros e ouro. Eles pagaram a Green US$25.000,00 durante um ano, soma principesca na década de 1970 e que foi empregada na compra de um apartamento na elegante área do SoHo em Manhattan e em uma passagem em um jato para uma viagem de dois dias e meio na direção do ocidente para "limpar os seus circuitos cármicos".[25]

Em 1973, ano anterior, em um dos incidentes mais controversos do seu relacionamento, Yoko decidiu que John precisava ter um caso, e escolheu sua secretária May Pang para receber o privilégio. Essa decisão coincidiu com um trânsito maior do planeta Urano, que todos os astrólogos concordam ser uma indicação de possível rompimento conjugal. Se Yoko tivesse procurado um astrólogo para administrar seus problemas na época, isto explicaria um incidente incomum no que era um casamento presumivelmente estabilizado. Talvez Yoko tenha decidido que, em vez de deixar que o destino seguisse seu curso, ela deveria intervir para assegurar o resultado desejado.

Quando John foi assassinado, em 8 de dezembro de 1980, ele tinha acabado de sair de um trânsito do planeta Plutão, e os astrólogos teriam dito a ele que representava um período de intensa transformação espiritual a ser seguido por uma época de renascimento pessoal. Ele tinha gravado seu último álbum, *Double Fantasy*, e buscava uma época em que poderia novamente desfrutar de uma realização artística e aplausos da crítica. Tragicamente, isto não aconteceria.

Análise do caráter

Embora ainda incorporando um pouco de astrologia de previsão à prática moderna, a maioria dos astrólogos focaliza sobre a análise do caráter ao calcular os horóscopos. A astrologia, como destacou Jung, é a forma mais antiga de psicologia. Os textos clássicos incluem descrições básicas das características dos planetas, que nos deram palavras que ainda usamos

— saturnino para Saturno, jovial para Júpiter, venéreo para Vênus, marcial para Marte e mercurial para Mercúrio, sem esquecer o lunático para a Lua. No século XX, quando a previsão saiu de moda e a análise do caráter assumiu o lugar, cada fator no mapa natal — signos zodiacais, casas, planetas, aspectos — foi adaptado para fornecer um retrato das nossas personalidades, mais do que aquilo que aconteceria conosco ou o que faríamos. A pressuposição astrológica é que não existe uma maneira "correta" de ser, nenhuma personalidade inerentemente "normal" desafiando as noções ortodoxas da psicologia e da psiquiatria, nas quais são aceitas as ideias de certo e errado, "normal" e "discordante" quanto ao modo do comportamento. A astrologia reconhece várias maneiras diferentes de ser como igualmente válidas.

Jung concedeu credibilidade à prática da análise do caráter através da astrologia. Ele acreditou que os arquétipos assumiam formas em nosso mundo como símbolos. Um símbolo é mais bem definido como uma coisa que pode ser compreendida como outra coisa que não ele mesmo. Por exemplo, uma maçã pode ser um símbolo de conhecimento, após a árvore do conhecimento no Jardim do Éden. Quando este modo de pensar é traduzido para a astrologia, o planeta

EM QUE ACREDITAM OS ASTRÓLOGOS?

Marte não é mais vermelho e quente na sua própria essência, e não mais "rege" a raiva, a guerra, objetos vermelhos e condimentos apimentados. Ele é visto como um símbolo destas coisas. Sua posição no horóscopo pode ajudar o astrólogo a abordar a maneira como o cliente lida com sua raiva utilizando a analogia. Se uma pessoa nasce com o Sol em Áries ou Touro, seu comportamento poderia então ser comparado ao de um carneiro ou um touro. À medida que as ideias de Jung se tornaram cada vez mais influentes no final do século XX, esse modo de encarar a astrologia tornou-se firmemente mais popular.

A astrologia também se apoia na metonímia, a substituição de uma palavra por outra. Um astrólogo pode usar a palavra "plutoniano" no lugar de intenso, ou "uraniano" em vez de selvagem e chocante. A linguagem simbólica da astrologia tem sido amplamente aceita, em parte porque ela evita elegantemente o problema de classificar se existem influências ou eventos "reais" que possam ser objetivamente testados. Existe algo "lá fora" ou a astrologia é somente uma relação entre palavras, como se o universo fosse um gigantesco jogo de palavras cruzadas? Se a astrologia é uma linguagem que podemos ler, então quem — ou o que — a está escrevendo? E essa capacidade de ler essa linguagem é aprendida ou trata-se de uma habilidade inata na qual todos podemos penetrar?

A conclusão lógica é que não existe uma astrologia "lá fora", independente da prontidão dos astrólogos em relatar um determinado comportamento ou evento para este ou aquele planeta. Alexander Ruperti, seguidor de Helena Blavatsky e da teosofia, sugeriu rudemente que a astrologia é meramente uma questão interna. No início da década de 1990 ele disse que "a ideia de uma astrologia com A maiúsculo que existe em algum lugar, e sempre existiu, à qual todos devemos nos submeter ou seguir é simplesmente resultado da nossa imaginação".[26] Não existe, argumentou, uma astrologia que possua uma existência independente. Existem somente astrólogos: pessoas tentando interpretar sua relação com o universo através de símbolos astrológicos segundo seu ponto de vista. Os procedimentos técnicos da astrologia nada mais são do que uma estrutura. A astrologia é um meio culturalmente dependente de ver o mundo, provavelmente mais eficaz. O significado emerge somente da construção e interpretação ritualística do horóscopo, e cada astrólogo possui seu próprio sistema astrológico, dependente da época e do contexto cultural. Este ponto de vista desafia seriamente a noção de que as influências astrológicas são objetivamente reais e apresenta uma grande divisão filosófica na astrologia moderna.

A astrologia natal — que investiga o caráter de uma pessoa baseada nas posições planetárias no momento do nascimento — torna-se menos uma questão de descrever uma personalidade que é de alguma forma pré-transmitida e revelada no momento do nascimento e mais de utilizar os planetas e os signos zodiacais como metáforas para criar uma narrativa de identidade; uma biografia pessoal. Jung escreveu que "esta abóbada estrelada dos céus é na verdade o livro aberto da projeção cósmica".[27] Ele acreditava que, mesmo que o próprio cosmo contivesse o significado, cabia ao astrólogo identificar os padrões arquetípicos nos céus, e que a percepção do astrólogo era tão importante quanto qualquer coisa que pudesse realmente estar no céu. Quando os astrólogos afirmam que uma pessoa de Áries é agressiva, por exemplo, eles não querem dizer que existe necessariamente alguma coisa relacionada à posição do Sol no momento do seu nascimento que a "torne" agressiva. Pelo contrário, o astrólogo utiliza seu conhecimento do momento do nascimento para identificar os arquétipos, que são básicos na formação da psique do cliente. Para Jung, e todos os seguidores de Platão, se essas interpretações são produtos da imaginação não importa, pois a verdadeira realidade é espiritual e está relacionada a dimensões as quais nunca poderemos realmente vivenciar.

> Alguns clientes estão em busca da figura de um pai ou mãe que os deixe seguros e lhes traga as respostas que lhes permitirão não sentir mais medo. Embora sinta compaixão por esse estado — todos nós passamos por ele em algum momento — não é objetivo da astrologia tratar dele, porque os esclarecimentos que ela traz são de outro nível. Todos eles na verdade enfatizam a "prosseguir com ele, continuar com a vida e trabalhar a questão". Ela não dá respostas. Acho que qualquer astrólogo que utiliza a astrologia para fornecer respostas provavelmente não está realizando seu trabalho de modo realista.
>
> Entrevista com a astróloga e analista Liz Greene, discutindo as limitações das consultas astrológicas.

Se a análise do caráter só pode ir até certo ponto, o que realmente fazer com a informação? A maioria dos astrólogos prefere se classificar como conselheiro do que como um previsor de eventos. Se o astrólogo descobrir no mapa natal sinais de problemas não resolvidos que provavelmente causarão dificuldades no futuro, ele ou ela poderá descrever uma ação evasiva. O propósito do aconselhamento astrológico é auxiliar o cliente a desenvolver uma compreensão das suas próprias necessidades, desejos, medos e motivações psicológicas e motivá-lo para que se sinta mais apto a fazer suas próprias escolhas, livre de pressões inconscientes do passado. Alguns conselheiros afirmam que a astrologia auxilia imensamente o processo de aconselhamento, capacitando a eles e aos seus clientes alcançarem conclusões que demorariam mais a surgir através de outros caminhos. Enquanto a psicanálise tradicional lida com as noções de causa e efeito enraizadas no passado ("tive uma infância difícil, por isso sou um adulto de trato difícil"), e os "gestalt" terapeutas focalizam nos sentimentos e circunstâncias do presente, a astrologia, com sua visão da relação entre passado, presente e futuro, traz um objetivo ao processo terapêutico. Talvez eventos desagradáveis apontem para uma situação futura que nem imaginamos, alguma "causa final" que está semanas, meses ou até anos a frente.

A tarefa do astrólogo é fornecer ao cliente um sentido de clareza e propósito estabelecendo várias opções e uma escala de tempo para as ações. Poucos astrólogos restringem uma interpretação a previsões diretas e a maioria encoraja um diálogo para discutir sobre atos que transformem um padrão de comportamento negativo em outro positivo. O sucesso do processo da consulta pode estar ligado à capacidade de empatia tanto quanto ao conhecimento técnico da astrologia.

> Busco esclarecer os clientes a respeito da sua condição espiritual e a maneira como lidar também com o plano físico. Isso dá às pessoas uma visão do que elas precisam aprender, algo que tendem a ver raramente na vida, um relance do seu próprio processo, de como você pode esconder algo sobre si mesmo, e então ouvir sobre isto e resistir, e depois aceitar e realmente começar a torná-lo positivo. Esse é meu objetivo.
>
> Entrevista com Shelley von Strunckel, astróloga do Sunday Times e London Evening Standard, apresentando seu trabalho como consultora de astrologia.

As perguntas feitas aos astrólogos se referem aos relacionamentos, carreira e desenvolvimento pessoal. A maioria das pessoas pergunta: "quando serei feliz?" e com grande frequência: "quando conseguirei resolver meus problemas?" Os astrólogos se dividem entre aqueles que acham que essas perguntas podem ser respondidas e os que argumentam que o resultado depende inteiramente do esforço da pessoa e da sua predisposição mental. A maioria prefere as perguntas do tipo "como" ou "o que" do que "quando", isto é, "como posso mudar minha vida?" ou "o que posso fazer para lidar com meus problemas?" do que "quando essas coisas acontecerão?" O astrólogo poderá oferecer conselhos enquanto evita as ciladas das previsões exatas.

Alguns astrólogos acreditam que, ao utilizar a astrologia horária, o cálculo de um horóscopo para o momento em que uma pergunta específica é formulada pode permitir encontrar animais de estimação que estão perdidos, decidir sobre a compra de uma casa ou determinar o vencedor de uma eleição. Estas reivindicações geram um debate acalorado: o universo se importa com o que aconteceu com um gato perdido? Alguns acham que a astrologia horária é impossível, pois ela aspira a um nível muito refinado de detalhes. Outros a utilizam como um meio para tomar decisões. Se a questão é "devo fazer isto?" no lugar de "isto acontecerá?", a ênfase é desviada para um julgamento interno das circunstâncias e responsabilidades pessoais.

Elvis Presley, o rei do rock-and-roll, fascinava as adolescentes em 1956 quando o seu primeiro sucesso, "Jailhouse Rock", apresentou às audiências brancas a música country até então confinada aos artistas que cantavam o ritmo negro do "blues". Presley morreu em 1977, mas sua música continuou a ser vendida em massa, e sua última casa, Graceland, tornou-se um santuário erguido em sua memória. Elvis nasceu às 16h35 do dia 8 de janeiro de 1935 em Tupelo, Mississipi, e sua ligação com a astrologia foi documentada por Larry Geller em sua biografia de 1989, *If I Can Dream*.[28] Geller, amigo antigo de Elvis, apresentou-o ao mundo dos conceitos esotéricos. Elvis ficou fascinado pela teosofia e chocado com a semelhança que viu entre sua própria mãe e Helena Blavatsky, fundadora da Sociedade Teosófica. Entre os livros favoritos de Elvis encontramos *Isis sem véu* e *A doutrina secreta*, ambos de Blavatsky; e ele possuía dois livros de Dane Rudhyar, astrólogo da Califórnia e devotado seguidor de Blavatsky. Elvis intimou Rudhyar a ler o seu mapa natal. A consulta aconteceu em uma tarde de 1965 no jardim de meditação de Graceland. O pai de Elvis, Vernon, e Larry Geller estavam presentes.

Mapa natal de Elvis Presley

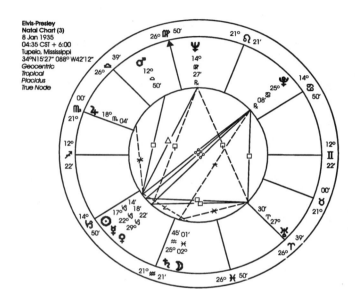

Rudhyar acreditava que a astrologia deveria ser usada mais para a autocompreensão do que para a previsão, por isso é improvável que ele tenha falado sobre o futuro. Observou a ampla disposição dos planetas em torno do mapa de Elvis: um sinal de versatilidade. Júpiter (♃), planeta do crescimento, estava na segunda casa, indicando riqueza. Netuno (♆), planeta da "música, cinema, vibrações humanas coletivas e entusiasmo das massas", estava na décima casa, que rege a carreira, e sugeria que Elvis estava "aberto para a inspiração e a orientação interior e tinha um canal para a realização de uma necessidade social humana". "Eu dificilmente saberia como definir claramente qual é esta necessidade", recorda Geller ter dito Rudhyar, "mas algum dia ela se estenderá além do que você está trazendo atualmente para as pessoas."[29] Rudhyar também tinha ficado impressionado com o ascendente no extrovertido Sagitário (♐), muito adequado para um artista, mas preocupado com a sensível Lua (☽) de Elvis no tímido Peixes (♓) e o Sol (☉) no conservador Capricórnio (♑). Rudhyar deve ter pensado que Elvis, ao mesmo tempo, amava e detestava representar, e compreendido que isso dificultava muito a vida. Porém, no que disse para Elvis, Rudhyar deve ter se concentrado no potencial espiritual de Elvis e na sua capacidade de encarnar o modismo da época.

Elvis foi receptivo à visão de mundo de Rudhyar e, segundo Geller, mencionou a consulta com Rudhyar nos anos seguintes. Ele pode ter ficado surpreso com outras características da interpretação, que podemos reconstruir pelos livros de Rudhyar. Um dos métodos característicos de Rudhyar era interpretar as fases da Lua, a lua nova, a lua cheia e os pontos intermediários. Elvis, no sistema de Rudhyar, nascera exatamente no limite entre a lua nova e a lua crescente. Pessoas tipo lua nova, escreveu Rudhyar, tendem a "viver a vida e amá-la como se elas fossem sonhos ou telas onde projetar a sua imagem".[30] Citou Karl Marx e Sigmund Freud como exemplos. O tipo crescente, enquanto isso, representava a autoconfiança, adequadamente pelo menos para o jovem Elvis, um intenso impulso para desafiar as ideias conservadoras e ultrapassadas. Rudhyar provavelmente não disse a Elvis a respeito do lado depressivo deste aspecto: um fracasso para lidar com as forças do passado, conduzindo à confusão, e uma decadência deteriorada. E também não deve ter mencionado que o infeliz rei Luis XVI, guilhotinado em 1792, foi um exemplo do tipo crescente.

7

No palco do mundo

Astrologia mundial

A astrologia mundial — do latim *mundus*, que significa cosmo ou mundo — calcula os eventos globais. Mesmo depois de os mapas natais começarem a ser usados no século V a.C., reis, imperadores e líderes políticos estavam entre os defensores mais persistentes da astrologia, buscando esclarecimentos a respeito de inimigos e informações sobre o melhor momento de iniciar uma guerra — ou a paz.

A astrologia mundial defende que pontos cruciais na História estão indicados por padrões formados pelos planetas de movimento lento: Júpiter, Saturno, Urano, Netuno e Plutão. Exemplos recentes incluem o alinhamento de Urano e Plutão em meados da década de 1960, o qual indicou uma grande reviravolta e coincidiu com a revolução sexual e o protesto da ala esquerdista no Ocidente e a revolução Cultural na China. O colapso da União Soviética foi previsto bem antes de 1950 com base em um alinhamento múltiplo entre Júpiter, Saturno, Urano e Netuno em 1989-1992. Neste caso o astrólogo francês André Barbault comparou os ciclos de Saturno e Netuno à história do comunismo. A previsão de uma crise no mundo comunista foi, portanto, relativamente simples.

> (Os trânsitos planetários de 1989 a 1991) sugerem alguma reestruturação básica da (URSS)... uma mudança para a nação com relação à liderança e estilo de governo (e) alguma nova revolução na Rússia que reconstruiria dramaticamente o país... sendo provável que a forte estrutura de comando enfraqueceria e que o país colapsaria de volta aos vários estados autônomos como já ocorrera antes.
>
> Michael Baigent, "The Natal Chart of Communist Russia", The Astrological Journal, vol. 22, n° 3, Verão, 1980, p.173.
> O Muro de Berlim caiu em novembro de 1989; em março de 1990 a Lituânia tornou-se a primeira república soviética a declarar independência e a URSS finalmente desabou em 1992.

Atualmente o uso da astrologia nos círculos políticos é esporádico. Dois presidentes franceses —

EM QUE ACREDITAM OS ASTRÓLOGOS?

Charles de Gaulle (1890-1970) e François Mitterand (1916-1996) — tiveram astrólogos como conselheiros pessoais. O astrólogo de De Gaulle foi um amigo dos anos da guerra; a de Mitterand foi Elizabeth Tessier, uma astróloga muito bem-conceituada no meio. Tessier recusou-se a falar sobre seu trabalho para Mitterand por ser um campo confidencial com seu cliente. Da mesma maneira, nada é sabido a respeito do aconselhamento contido em horóscopos que foram feitos para Margaret Thatcher por uma das suas aliadas no Partido Conservador na década de 1980.

É mais comum para os políticos indianos consultar astrólogos (a primeira-ministra Indira Gandhi foi reconhecidamente avisada do seu assassinato em outubro de 1984), embora as mesmas regras de discrição sejam aplicadas no Ocidente. Trabalhar para governos pode inevitavelmente trazer pressões morais. A execução do primeiro-ministro anterior do Paquistão, Zulfikar Ali Bhutto, em 1979, pelo ditador militar Muhammad Zia-ul-Haq, provocou uma condenação internacional, mas foi realizada após uma consulta astrológica. Um astrólogo consultado compreendeu que ele e sua família corriam perigo se desse um conselho errado. Decidiu que sua única opção era seguir as regras da astrologia tão estritamente quanto possível: ele estudou o mapa natal de Bhutto e, sem prever uma morte violenta, reportou que a via como uma possibilidade. Bhutto foi executado e o astrólogo deixado livre para considerar os aspectos éticos que inevitavelmente surgem quando alguém é solicitado a trabalhar para os políticos.

O embate mais pesado da astrologia com a vida política na época moderna ocorreu na Alemanha nazista. Dois dos amigos mais íntimos de Hitler, o líder Rudolf Hess e o chefe de polícia Heinrich Himmler, fizeram uso considerável da astrologia. Hess foi atraído para a Grã-Bretanha em maio de 1941 com a esperança de conseguir a paz quando as falsas previsões astrológicas que tinham sido feitas pelo agente duplo Albrecht Haushofer o envolveram. Haushofer persuadiu Hess de que o alinhamento múltiplo dos planetas em Touro era auspicioso, pois Touro é regido por Vênus, o planeta da paz. O voo de Hess foi seguido por um grupo de astrólogos, e um deles, Karl Krafft, morreu depois em um campo de concentração. Enquanto isso, Himmler estava ocupado construindo sua própria organização oculta que ele esperava governar após a vitória alemã. Um dos seus astrólogos, Wilhelm Wulff, escreveu sobre suas experiências. Ele sabia da difícil situação moral e do perigo pessoal dentro do qual se encontrava e, como o astrólogo que aconselhou Zia-ul-Haq, fez o aconselhamento astrológico da maneira mais neutra possível, confiando que o cosmo teria seu próprio plano superior.

Os astrólogos que lidam com a área mundana empregam vários métodos. Eles estudam os mapas natais de líderes políticos, ordenam os eventos com momentos auspiciosos e calculam horóscopos para os países. Podem influenciar momentos importantes na vida política de um estado, como a declaração da independência. Tanto a Birmânia quanto o Sri Lanka têm horóscopos nacionais calculados pelos astrólogos do seu governo. Os astrólogos birmaneses escolheram o horário das 4h20 do dia 4 de janeiro de 1948 como o momento da independência, para irritação dos oficiais britânicos que tiveram que se levantar naquele horário absurdo. O primeiro chefe de Estado da Birmânia independente, o monge budista U Nu, renunciou temporariamente do seu posto em várias ocasiões para, através da meditação, minimizar presságios planetários ameaçadores. Após o perigo ter passado, ele voltava ao seu trabalho. Ao contrário, a atual ditadura militar utiliza a astrologia para manter seu regime brutal. Em 1988 o líder do exército Ne Win causou um caos provocando uma revolução desastrosa ao declarar toda uma série de notas bancárias sem valor porque suas denominações eram consideradas inauspiciosas. A oposição lançou uma série de protestos no oitavo dia do oitavo mês de 1988, dia que consideravam altamente auspicioso, mas foi brutalmente esmagada. O governo continuou a confiar cegamente nos astrólogos, e causou outro rompimento em 2005 ao retirar toda a administração da capital, Rangon, após receber um aconselhamento astrológico.

O presidente dos Estados Unidos Ronald Reagan consultava astrólogos bem antes de entrar na política, embora isto tenha vindo a público somente em 1988 com a publicação das memórias do seu chefe de equipe anterior, Donald Regan.[31] Regan referiu-se a um "amigo" misterioso que conseguia aconselhamento astrológico para o presidente via sua esposa, Nancy. Quando o livro de Regan foi publicado sob uma onda gigantesca de publicidade, a máquina de notícias da Casa Branca moveu-se para proteger o presidente e afirmou que somente Nancy acreditava na astrologia. Porém o uso da astrologia feito por Reagan durante várias décadas sugere que ele era um seguidor entusiasta. Em 1967 a imprensa, bem como os políticos democratas, comentaram sobre o momento curioso escolhido para a posse de Reagan como governador da Califórnia — dezesseis minutos após a meia-noite de 1º de janeiro de 1967. Como essas cerimônias geralmente ocorrem ao meio-dia, ficou muito claro que o astrólogo de Reagan tinha escolhido a hora, levando o porta-voz republicano a reafirmar para o eleitorado que "essa não será uma administração que contempla as estrelas".

Horóscopo da posse presidencial de Ronald Reagan em 1985

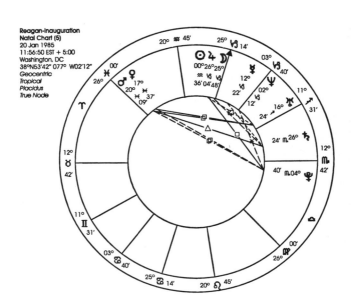

O "amigo" misterioso acabou sendo descoberto. Era Joan Quigley. Quigley aconselhava semanalmente o presidente sobre seus aliados, e selecionou os momentos mais auspiciosos para seus principais compromissos. Sua astrologia era clara, prática e de previsão; não se preocupava com o crescimento psicológico ou espiritual. Nancy enviava a Quigley notas sobre as pessoas e eventos sobre os quais precisava de informações. Quigley, anonimamente, enviava os dados para o astrólogo de San Francisco, Nicki Michaels, um dos poucos na época a ter um computador que poderia fornecer os cálculos necessários. Michaels enviava os horóscopos calculados de volta para Quigley, que então passava o aconselhamento para Nancy. Mesmo após Reagan ter sido ridicularizado depois da publicação do livro de Regan, Quigley continua com o crédito de ter aconselhado o presidente a conversar com Mikhail Gorbachev e terminar com a Guerra Fria.

Em 1985 Quigley aconselhou Reagan sobre o melhor momento para sua posse em seu segundo mandato como presidente. Diferente das posses dos governadores, o evento presidencial ficou sob tal evidência que Quigley não poderia mudar o horário. A posse aconteceu às 12h00 de 20 de janeiro, mas Quigley conseguiu adiantá-lo ligeiramente para às 11h56, quando a Lua, que indica a popularidade pública, estava no zênite do mapa. Quigley escreveu: "Eu não tinha somente que trabalhar dentro de um limite de tempo de um determinado dia, mas também escolher um momento bem próximo do meio-dia."[32]

Na opinião de Quigley, embora o mapa mostrasse algum perigo de tentativas de assassinato, escândalos ou espionagem, não era ruim, e destacava acordos importantes com poderes estrangeiros. Quigley viu evidências de boas relações com poderes estrangeiros pela conjunção do Sol (☉) com Júpiter (♃), que tipicamente significa "bom para a paz e prosperidade em casa e no exterior".[33] O perigo de escândalo ou espionagem foi sugerido pela conjunção entre Marte (♂) e Vênus (♀) em Peixes (♓), para o que Green previu, com um senso ultrapassado de moralidade, "casos de divórcio, ruptura de compromisso, bigamia, baixa moralidade e escândalos e excessos similares".[34]

Se Nicki Michaels se atrasasse em seus cálculos, a maquinaria da Casa Branca poderia ter sofrido uma pequena parada. Durante a crise Irã-Contras, houve receio de que, a menos que Reagan alegasse publicamente que seu governo tinha vendido armas para o Irã para levantar fundos para os Contras da Nicarágua, ele seria apanhado em um escândalo. Quigley conduziu a equipe da Casa Branca para um caminho confuso ao instruir o presidente a não fazer nem dizer nada por um período de cerca de quatro meses. Quigley estava repetindo o conselho dos astrólogos assírios Balasi, do século VII a.C., que aconselhou seu imperador a "não ir para o lado de fora", e Munnabitu, que disse para o imperador ficar em seu palácio por um mês.³⁵

O trabalho de Quigley pode ter sido ridicularizado pela imprensa, mas oferece uma evidência fascinante da oculta tradição de aconselhamento político que se estende em uma linha contínua até os antigos imperadores da Babilônia.

O ataque surpresa de Entebe

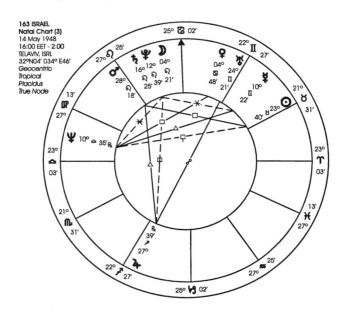

EM QUE ACREDITAM OS ASTRÓLOGOS?

Os rumores sobre a utilização da astrologia pelos serviços secretos são abundantes. O serviço secreto britânico usou a astrologia na Segunda Guerra Mundial para a propaganda marrom — como parte de uma campanha para desmoralizar os nazistas. Revistas falsas de astrologia com previsões horríveis para os alemães eram colocadas em locais públicos, como pátios de estradas de ferro, na esperança que desgastasse a fé na capacidade de vencer do governo alemão. Segundo o escritor de espionagem Richard Deacon, o serviço secreto israelense, o Mossad, utilizou a astrologia e classificou-a como "surpreendentemente precisa" ao datar a Guerra dos Seis Dias de 1967 e a Guerra do Yom Kippur em 1973. Encorajado por essa evidência, o Mossad posteriormente examinou o horóscopo de Israel — calculado para a declaração de independência em 14 de maio de 1948 em Tel Aviv — antes do ataque surpresa de Entebe, que foi lançado para resgatar reféns israelenses que tinham sido capturados por terroristas palestinos e presos no aeroporto de Entebe, Uganda. O ataque surpresa teve início no primeiro minuto após a meianoite do dia 4 de julho de 1976, quando o primeiro dos aviões Hércules aterrissou e descarregou as suas tropas. Um documento ligado ao ataque de Entebe contém a seguinte informação secreta: "p. Júpiter IS está em oposição a Urano r IS e p. Netuno está em conjunção estacionária ASCr IS,[36] estes dois últimos aspectos simbolizando um evento bem-sucedido da aviação, uma vez que Netuno e Urano estão ambos ligados a ela, e um ou ambos podem estar envolvidos neste tipo de evento."[37] O ataque surpresa foi bem-sucedido, e desde então também a maioria das aventuras militares de Israel.

O astrólogo do Mossad sobrepôs "progressões secundárias" no mapa de Israel, examinando posições planetárias em 11 de junho de 1948, vinte e oito dias depois da independência, para identificar as tendências em 1976, vinte e oito anos após a independência. O trecho do relatório do Mossad indica que, em 11 de junho de 1948, Júpiter (♃) tinha atingido a oposição à posição ocupada por Urano (♅) em 14 de maio de 1948, enquanto Netuno (♆) estava em conjunção com o ascendente. O Mossad também deve ter sido avisado que, no mapa da independência, o Sol (☉) em Touro (♉), signo de uma determinação teimosa, está em um aspecto difícil de uma quadratura com Marte (♂), planeta da guerra, em Leão (♌). Deve também ter sabido que, como Marte (♂) estava em Leão (♌), signo regido pelo Sol, Israel teria a vantagem no conflito militar. Seu astrólogo também deve ter dito que, no momento do ataque, Júpiter, o planeta da boa sorte, estava na mesma posição do Sol no mapa da independência. Isto deve ter reforçado a convicção de que a vantagem estaria do lado deles. O uso da astrologia pelo Mossad fornece um raro lampejo de sua utilização nos níveis mais secretos.

Igualmente discreta é a aplicação da astrologia mundial nos assuntos econômicos. O campo é pequeno, e talvez não mais de uma dúzia de astrólogos no Reino Unido e nos Estados Unidos ganhem dinheiro com seus clientes. Os astrólogos-economistas realizam o aconselhamento de negócios, que pode significar a discussão de assuntos pessoais ou o lançamento de novos produtos, e de questões financeiras, como trajetória das moedas e participação nos lucros. Na década de 1990, pelo menos três bancos mercantis em Londres estavam empregando astrólogos como empregados autônomos. O aconselhamento que forneciam era combinado com os de outros especialistas, e os fundos que abrangiam eram relativamente pequenos — dezenas de milhões de libras e não milhares de milhões. Os números podem ser pequenos, mas alguns profissionais financeiros acreditam que, se os ciclos planetários previsíveis podem se correlacionar com os econômicos, estes menos previsíveis, podem ser gerados lucros enormes. Dois astrólogos financeiros americanos, Arch Crawford e Bill Meridian, combinaram as regras da astrologia com um profundo conhecimento dos mercados. O mais poderoso astrólogo financeiro dos tempos atuais é o Xeque Yamani, o ministro saudita do petróleo, que presidiu a alta repentina nos preços do óleo na década de 1970, e sobre quem corriam boatos de que carregava consigo livros de astrologia quando viajava.

> O que realmente me fez mergulhar na astrologia foi que meu pai começou a experimentá-la. Ele estava estudando o mercado de ações e começou a notar certos períodos nos ciclos do mercado e resolveu compará-los com todos os tipos de fenômenos naturais. Ele comparou, por exemplo, a Dow Jones Industrial com as tabelas de marés da cidade de Nova York, e notou os ritmos mensais. Começou a adicionar fenômenos planetários e astronômicos cada vez mais aos seus dados e fez um tipo de massa de bolo com a astrologia.
>
> Entrevista com Rob Hand, conferencista da Universidade de Kepler, Seattle, ao descrever sua iniciação à astrologia.

Astrologia pelo mundo

Na Índia, astrologia e astronomia juntas são conhecidas tradicionalmente como Jyotish, ou a "ciência da luz". Esta ciência é uma das seis vedangas, as ciências estudadas para se obter uma compreensão adequada dos Vedas, os textos sagrados hindus. A Jyotish é consultada para calcular o calendário sagrado e determinar momentos auspiciosos para realizar os rituais religiosos. Grande parte da astrologia ainda praticada na Índia é similar a que floresceu sob o Império Romano, como encontrado em trabalhos como o *Tetrabiblos* de Cláudio Ptolomeu, mas que desapareceu no Ocidente no século XVII, e existe um debate considerável sobre a proporção desta astrologia que seria nativa ou importada. Qualquer que seja a verdade histórica, a astrologia permanece como uma parte vital da cultura indiana, e está interligada tanto à vida sagrada quanto à mundana.

O princípio que sustenta a astrologia na Índia é a reencarnação, a suposição de que a vida atual de uma pessoa é uma entre várias; de que deve-se almejar uma encarnação "melhor" na próxima vez levando uma vida correta, com o objetivo final de escapar do ciclo interminável de morte e renascimento. Tradicionalmente os sacerdotes são treinados na astrologia, embora nem todos os astrólogos sejam sacerdotes. Muitos templos, particularmente no sul, contêm altares dedicados às deidades planetárias, e o ritual do navagraha (nove planetas) pode ser realizado para beneficiar pessoas e mitigar o impacto coletivo de posições planetárias não auspiciosas — ou reforçar o efeito das favoráveis. Todo o calendário religioso é astrologicamente determinado, e até os imensos festivais kumbha mela, que atraem vários milhões de pessoas para as margens do rio Ganges, são determinados de acordo com o ciclo de vinte anos de Júpiter-Saturno.

As consultas ocorrem com frequência nos templos. O estilo dominante é o de previsão, embora o objetivo de fazer previsões seja de administrar o futuro através da harmonização do comportamento com os padrões celestes ou fazer apelos diretos às deidades relevantes através dos pujas,* preces e rituais de purificação. Os planetas podem funcionar tanto como influências ou como sinais da intenção divina, e os procedimentos para interpretar seu significado são extremamente complexos.

Embora existam diferenças regionais significativas da prática, principalmente entre o norte e o sul do país, os astrólogos são consultados sobre cada aspecto da vida, principalmente a saúde, a carreira e o casamento. No Ocidente muitas pessoas se casam no sábado, o dia mais conveniente para o repouso,

---
*Cerimônias de adoração. (N. do T.)

EM QUE ACREDITAM OS ASTRÓLOGOS?

mas na Índia ninguém sonharia em trocar as alianças em um dia regido por Saturno, um planeta desfavorável. Em alguns anos ocorrem extensos períodos durante os quais o casamento não é favorável, criando um caos devido ao acúmulo de casamentos a serem realizados ao mesmo tempo quando as condições propícias retornam. Tradicionalmente a astrologia era uma prática sacerdotal, porém cada vez mais ela está sendo ensinada e praticada como qualquer outra disciplina. No final da década de 1990, o governo nacionalista do partido BJP tentou oficializar a Jyotish como matéria de faculdade, contra uma grande oposição de secularistas proeminentes.

Enquanto o zodíaco ocidental está ligado às estações do ano — o Sol sempre entra no signo de Áries no equinócio do outono, 21 de março — o zodíaco indiano é definido pelas estrelas. Devido à precessão dos equinócios, as estrelas desviam de lugar em relação ao zodíaco ocidental durante longos períodos de tempo e o zodíaco indiano está agora deslocado em relação ao Ocidente em cerca de 25 graus, o que significa que o Sol entra no signo zodiacal por volta do dia 15 e não do dia 21. Isto geralmente tem pouco significado porque os astrólogos ocidentais e indianos utilizam sistemas técnicos diferentes. Porém quando os astrólogos indianos pedem emprestado elementos da astrologia ocidental, e vice-versa, e aplicam as descrições da personalidade dos signos, há confusão.

> Eu estava com vinte anos. Fui para a Índia e fiquei no *ashram** de Swami Muktananda em Ganeshpuri, norte de Bombaim.** O astrólogo de Swami Muktananda, Chakrapani Ullal, chegaria e daria consultas todas as semanas. Então reuni coragem e fui conversar com Chakrapani, que era muito intenso e um pouco intimidador. Ele disse: "Você deve ir e me procurar em Bombaim. Não tenho tempo aqui. Vá depois de dez dias." Então, depois dos dez dias, peguei o trem para Bombaim. Ele fez uma interpretação, porém a maioria não foi baseada no mapa. Ele olhava de relance para o mapa por alguns minutos, porém a maior parte da consulta foi feita com seus olhos encarando o telhado. Falou-me sobre o meu pai e sua vida e como ele ficara prejudicado pela guerra e tinha superado vários obstáculos para conseguir ser bem-sucedido. Falou-me sobre minha mãe e de como sua visão era bem pior no olho direito do que no esquerdo, e que ela quebrara seu ombro recentemente em um acidente — ambas as informações eram bem precisas. Falou como minha irmã estava tendo problemas em sua vida amorosa, mas que se casaria em dois anos. Tudo isso aconteceu. Nada disso pareceu vir

---

*Local de retiro religioso. (*N. do T.*)
**Atual Mumbai. (*N. do T.*)

realmente da astrologia, mas da clarividência psíquica da visão interior de Chakrapani. E ele disse: "Você será astrólogo. Tem as qualidades de um professor, conferencista, conselheiro e consultor." E eu pensei: "Isso é interessante porque não sei nada sobre isso e nem acredito nisso."

> Entrevista com Greg Bogart, conferencista
> na JFK University, Berkeley, relatando
> sua apresentação à astrologia

A astronomia — e astrologia — chinesa se desenvolveu quase que em total isolamento em relação a que floresceu na Índia, Babilônia, Egito e Grécia, embora existam algumas conexões. Fragmentos da astrologia indiana atravessaram os Himalaias levados pelos missionários budistas, enquanto os doze animais da astrologia popular podem ter vindo da Ásia central, talvez dos turcos ou dos quirguizes. A astrologia chinesa é imensamente complicada, incorporando vários sistemas diferentes como no ocidente. Ela divide o ano solar em vinte e quatro períodos conhecidos como *Ch'i*. Dois Ch'i correspondem a um signo no zodíaco ocidental. É combinada com o Feng Shui e a acupuntura para harmonizar a vida pessoal com as energias cósmicas.

Embora a astrologia chinesa envolva várias técnicas complicadas, os doze "ramos" — cada um simbolizado por um animal — são conhecidos no Ocidente. Cada ano é regido por um animal, e acredita-se que as crianças nascidas durante aquele ano apresentem as suas características básicas. Cada ano corresponde também a um dos cinco elementos: água, fogo, metal, madeira e terra, portanto o ciclo todo leva sessenta anos para se completar. Uma pessoa pode ser uma serpente da água, outra uma serpente do metal e uma terceira uma serpente da terra.

As datas iniciais (dia, mês, ano: 1912-2007) estão listadas abaixo junto com as características atribuídas a cada signo.

Rato: encantador, inteligente, sociável, amante das diversões, boa memória.
18/2/12, 5/2/24, 24/1/36, 10/2/48, 28/1/60, 15/2/72, 2/2/84, 9/2/96

Búfalo: metódico, estável, determinado, persistente, cumpridor dos deveres.
6/2/13, 24/1/25, 11/2/37, 29/1/49, 15/2/61, 3/2/73, 20/2/85, 7/2/97

Tigre: competitivo, corajoso, imprudente, carismático, orgulhoso.
26/1/14, 13/2/26, 31/1/38, 17/2/50, 5/2/62, 23/1/74, 9/2/86, 28/1/98

EM QUE ACREDITAM OS ASTRÓLOGOS?

Coelho: sociável, piedoso, modesto, sensível, criativo.
14/2/15, 2/2/27, 19/2/39, 6/2/51, 25/1/63, 11/2/75, 29/1/87, 16/2/99

Dragão: carismático, sociável, independente, decisivo, volátil.
4/2/16, 23/1/28, 8/2/40, 27/1/52, 13/2/64, 31/1/76, 17/2/88, 5/2/00

Serpente: aparentemente sábia — embora ingênua —, reservada, sutil, prudente.
23/1/17, 10/2/29, 27/1/41, 14/2/53, 2/2/65, 18/2/77, 6/2/89, 24/1/01

Cavalo: sociável, vigoroso, esforçado, dogmático, esportivo.
11/2/18, 30/1/30, 15/2/42, 3/2/54, 21/1/66, 7/2/78, 27/1/90, 12/2/02

Cabra: perseverante, sensível, idealista, conservadora, meticulosa.
1/2/19, 17/2/31, 5/2/43, 24/1/55, 9/2/67, 28/1/79, 16/2/91, 1/2/03

Macaco: ativo, ágil, inventivo, inquieto, enganador, teimoso.
20/2/20, 6/2/32, 25/1/44, 12/2/56, 30/1/68, 16/2/80, 4/2/92, 22/1/04

Galo: artístico, prático, perspicaz, alerta, extravagante, vaidoso.
8/2/21, 26/1/33, 13/2/45, 31/1/57, 17/2/69, 5/2/81, 23/1/93, 9/2/05

Cachorro: leal, honesto, amigável, confiável, carente de afeto.
28/1/22, 14/2/34, 2/2/46, 18/2/58, 6/2/70, 25/1/82, 10/2/94, 29/1/06

Javali (Porco): satisfeito, ama o lar, prático, sincero, trabalhador.
16/2/23, 4/2/35, 22/1/47, 8/2/59, 27/1/71, 13/2/83, 31/1/95, 18/2/07

Astrologia popular

A maioria das pessoas que se classificam astrólogos no Ocidente são amadores e entusiastas que interpretam horóscopos para amigos e membros da família por interesse pessoal. É difícil encontrar profissionais que cobrem pelos seus serviços, e mais ainda que consigam sobreviver desta profissão. Somente na Índia, Sri Lanka e Birmânia a astrologia é considerada uma profissão regular. No Reino Unido, o número de pessoas que ganha a vida como astrólogo não chega a mais de cinquenta, considerando principalmente os responsáveis pelas colunas de astrologia dos principais jornais e revistas. As oportunidades de consulta com astrólogos profissionais nos Estados Unidos são maiores do que em outros países ocidentais, porém a quantidade é ainda consideravelmente pequena — talvez não mais do que uns dois mil.

> Os astrólogos são muitas vezes ridicularizados por suas crenças. O astrólogo americano Steven Forrest admitiu certa vez que viveu com "um terror primitivo" de que um desconhecido fizesse a ele "essa simples e ubíqua pergunta social: 'a propósito, qual é a sua profissão?'"... e eu ficaria constrangido de dizer "sou astrólogo".
>
> Steven Forrest, The Night Speaks: A Meditation on the Astrological Worldview, San Diego, ACS, 1993, p.vii.

Embora a astrologia profissional esteja limitada a poucos na Grã-Bretanha, muitas pessoas a utilizam como parte de suas vidas religiosas ou profissionais. Ocultistas, praticantes da magia tradicional, neopagãos, adoradores da deusa* e wiccanianos todos a utilizam como parte de suas atividades. Podem conduzir rituais durante a lua cheia, por exemplo, para

---

*Suprema divindade dos druidas.

invocar as "energias" planetárias com propósitos de cura. Existem também vários terapeutas e psicólogos, principalmente entre os seguidores de Jung, que utilizam a astrologia como parte da sua prática, mas que não são considerados astrólogos. E existem os praticantes da medicina alternativa, incluindo algumas escolas de herbalistas, homeopatas e acupunturistas que usam a astrologia para auxiliar no seu diagnóstico e tratamento da doença. A astrologia chinesa é básica para algumas escolas de acupuntura e na homeopatia. O momento em que um medicamento é ingerido é importante para o sucesso do tratamento.

As conhecidas colunas divididas em doze partes compostas de um único parágrafo que aparecem em vários jornais e revistas femininas foram amplamente publicadas na década de 1930. Seu ponto central reflete as preocupações do dia a dia dos leitores: família, dinheiro, trabalho, vida social, bem-estar emocional e sexo. Os astrólogos que escrevem sobre outros tópicos dificilmente terão seu trabalho editado.

Os astrólogos dos signos solares — os escritores das colunas dos jornais — utilizam uma versão simplificada do mapa natal de cada um dos doze signos. Embora a população esteja agrupada nos doze tipos dependendo da posição do Sol, a Lua — que é o corpo celeste que se move mais rapidamente no céu — é responsável pela maior parte das variações, sendo o elemento considerado isoladamente mais importante na composição destas colunas; a sua relação com os planetas muda a cada hora, e a cada dois dias e meio ela passa para outro signo zodiacal.

Patrick Walker, o astrólogo britânico mais conhecido das décadas de 1970 e 1980, foi o pioneiro em um estilo que trata dos problemas emocionais dos leitores. Ele reconhecia como sentiam-se as pessoas injustamente tratadas, e enfatizava que havia uma luz no final do túnel; elas poderiam escolher entre se agarrar ao passado ou soltá-lo. Previa com frequência que os rivais dos seus leitores "receberiam seu castigo" sugerindo que existe, afinal, um senso de justiça no cosmo. Vislumbramos algo bem sedutor na ideia de que, mesmo o universo sendo mais antigo do que podemos supor e maior do que podemos conceber, ainda há alguma coisa a ser dita sobre nossas pequeninas vidas, amores, esperanças e medos.

> Vejo a astrologia como uma senhora, escultural, absolutamente linda e de um reino tão distante que não consigo evitar que me cative. Em termos puramente físicos, sua vestimenta é incomparável. Porém além do reino do visível, a astrologia para mim

encerra um dos mais altos segredos no mundo. É uma pena que hoje — pelo menos na compreensão popular — esteja uma prostituta sentada em seu trono.

De Jean Carteret e Roger Knare, "Uma Entrevista com André Breton, abril de 1954", trad. de Morelle Smith, em Nicholas Campion, "Cosmologia Surrealista: André Breton e a Astrologia", Culture and Cosmos vol. 6, n° 2, outono-inverno 2002, p. 45-56. André Breton, fundador do movimento surrealista, elogiou a astrologia, porém lamentou suas manifestações populares.

Embora a maioria dos astrólogos utilize a linguagem dos signos solares como um recurso conveniente, muitos desaprovam as colunas simplistas dos signos solares, que prejudicam a imagem pública da astrologia. Os astrólogos que usam os signos solares têm sido acusados de prostituírem sua arte, embora aqueles que a apoiem retruquem que esta imagem pública da astrologia é melhor do que nenhuma. Em meu ponto de vista, a melhor maneira de classificar estas colunas é como uma série de pensamentos para o dia (ou semana, ou mês). Estes pensamentos resumidos podem ajudar o estado mental do leitor e este pode projetar seus sentimentos a respeito da sua vida sobre as ideias da coluna. O oráculo chinês, o I Ching, trabalha desta forma, propondo um enigma para o leitor. Jung escreveu:

EM QUE ACREDITAM OS ASTRÓLOGOS?

"Vocês não veem como o I Ching é útil ao fazê-los projetar os pensamentos não realizados até agora em seu simbolismo abstruso?"[38] O mesmo processo é utilizado nas colunas de jornais e revistas.

A revolução tecnológica do século XX exerceu um impacto substancial sobre a astrologia. Os computadores reduziram dramaticamente o tempo levado para calcular um horóscopo simples: de quinze minutos, por um astrólogo experiente, para menos de um segundo. Eles também tornaram acessíveis técnicas tão complicadas de serem calculadas que raramente eram utilizadas. No final da década de 1970, as revistas femininas ofereciam interpretações computadorizadas dos horóscopos, que em geral consistiam entre dez e vinte páginas padronizadas. Diferente das colunas de doze parágrafos, estas eram interpretações personalizadas baseadas no momento exato, data e local de nascimento de uma pessoa, compiladas de parágrafos padronizados pré-programados. O computador selecionaria as partes relevantes de um grupo de dados de vários milhares de parágrafos. Alan Leo dirigiu uma firma que preparava esses horóscopos a mão em torno de 1890, mas era tão trabalhoso que quando ele se aposentou, ninguém levou a ideia adiante. Somente os computadores tornaram este serviço lucrativo.

A tecnologia aperfeiçoada das telecomunicações teve outras consequências. Em 1987, jornais e revistas ofereceram horóscopos pré-gravados por telefone, atualizados regularmente para atender os clientes semanais. Em 1990, a receita total anual dos horóscopos por telefone do *Daily Mail* foi de um milhão de libras. Uma remuneração deste monte encorajou os jornais a expandir o espaço dedicado às suas colunas, promovendo seus astrólogos a personalidades e publicando características adicionais o que, por sua vez, aumentou a receita das ligações telefônicas. A previsão de interpretações gratuitas on-line através da internet abalou este grande negócio, e o mundo da astrologia atualmente enfrenta os mesmos desafios que as indústrias da música e da editoração. Por outro lado, a criação de cybercomunidades possibilitou aos astrólogos em todo o mundo se comunicarem com uma rapidez anteriormente impossível.

A astrologia hoje é uma parte assumida da cultura popular. O legado de Alan Leo e dos teosofistas continua a encorajar novas formas de astrologia espiritual, enquanto os computadores facilitam a criação de novas técnicas. A espiritualidade junguiana aprofundou os elos entre a astrologia e a psicologia. A recuperação de textos antigos significa que práticas clássicas e medievais, como a tradicional astrologia horária, estão florescendo. A globalização trouxe a astrologia indiana e a chinesa para o Ocidente, enquanto a astrologia ocidental viajou para o leste.

8

A astrologia no século XXI

Os astrólogos no Ocidente, na Índia e na China praticam sua arte de maneiras diferentes, porém partilham algumas crenças comuns sobre o que é a astrologia, sua estrutura filosófica e a relação da humanidade com o divino. Embora alguns astrólogos discordem das minhas definições abaixo, elas representam um consenso em termos amplos.

Cada ser humano é único, com uma personalidade e destino individuais. A posição das estrelas e planetas fornece informações sobre os eventos na terra, incluindo a personalidade individual ou seu potencial pessoal de vida. A própria astrologia é mais bem entendida como uma linguagem de símbolos que contribui para a autocompreensão e auxilia nossa capacidade de mudar, crescer e alterar nosso futuro. Enquanto as possibilidades futuras forem delineadas pelos ciclos planetários, que podem ser previstos com milhares de anos de antecedência, os eventos exatos são determinados pelas ações humanas. O futuro é negociável para aqueles que possuem autocompreensão, e a ideia central é a não submissão ao cosmo, mas a participação nele.

Enquanto isso, o cosmo é um enorme espaço vivo e interdependente, e o estado de qualquer parte dele a qualquer momento pode ser visto no estado do todo; observamos os céus e compreendemos por que nossa vida ocorre daquela maneira. O cosmo é dotado de significado, revelado nos padrões celestes, desdobrado através do tempo. O tempo em si é cíclico mas, embora o padrão geral dos tempos se repita, os eventos precisos são sempre diferentes.

Muitos acreditam que existe um Deus, porém com maior frequência um princípio organizador supremo, uma mente criativa remota. Poucos astrólogos acreditam em um Deus pessoal que responde a orações. A evolução espiritual é geralmente considerada mais importante do que a física; a alma ou espírito é mais importante do que a matéria. Todas as religiões partilham de um núcleo de sabedoria e verdade, a maioria reconhecendo a conexão da alma com as estrelas, porém artificialmente separadas por um rígido dogma. Todos os seres humanos contêm o divino dentro deles, e os indivíduos possuem almas que evoluem através de vidas sucessivas; toda ação, pensamento ou sentimento possui um propósito relacionado ao caminho da alma. Então, os indivíduos devem seguir um estilo de vida moralmente elevado para servir à causa da evolução espiritual cósmica e melhorar o progresso da alma para sua próxima encarnação.

A ética astrológica tem sido descrita como "autoética". Este termo pode revelar um autointeresse, porém os astrólogos acreditam que os indivíduos devem se harmonizar com uma moralidade cósmica mais elevada ou se arriscarão a prejudicar seu carma. O pecado pode não ser uma característica da crença astrológica, porém noções de certo e errado são cosmicamente sancionadas pela crença de que tudo acontece para um propósito. Quando os astrólogos são ofendidos, a sua resposta não é buscar uma vingança, mas perguntar por que foram atacados, se existe algum propósito — ou algo que possam aprender para melhorar a si mesmos. Isso fez surgir o que podemos chamar de "ética teleológica", do grego telos, ou propósito. A moralidade da astrologia é derivada diretamente da sua compreensão de que o futuro é tão importante quanto o presente. Isto pode explicar bem por que uma parte significativa dos astrólogos vota em partidos "verdes" e possui uma alta conscientização dos assuntos ambientais. Como salientou Karl Popper, saber que o futuro é, em algum sentido, real, motiva os astrólogos a se unirem a ele e ao futuro de todo o planeta.

A astrologia se mostrou fortemente flexível ao se adaptar às condições culturais mutáveis. Aceitou ser modernizada no início do século XX por Alan Leo e C. G. Jung, porém seus métodos básicos podem ser traçados de volta até a antiga Babilônia. E, mesmo podendo ser identificado um grupo de crenças centrais, sua suposição básica — de que podemos ler no céu o significado para os assuntos na Terra — pode se ajustar quase a qualquer estrutura ideológica, filosófica ou religiosa. Temos conhecimento da existência de astrólogos marxistas, bem como de darwinistas, e não há razão para que uma pessoa não possa acreditar na revolução dos trabalhadores ou na seleção natural e utilizar a astrologia. Em geral, a crença dos astrólogos nos padrões revelados da História é mais forte do que sua devoção à espiritualidade. Na verdade, as teorias de Marx e Darwin são excelentes companheiras na ideia que, como elas, a astrologia assume que o mundo segue um caminho que os indivíduos não podem controlar. A astrologia não conseguiu, contudo, ganhar o respeito de vários cientistas modernos ou demonstrar sua validade, para satisfação deles. Ela permanece como um assunto ridículo entre muitos que seguem uma visão de mundo materialista, muitas vezes ateísta, no qual a ciência é a única fonte da verdade. Com frequência surge uma hostilidade, mas a astrologia permanece como parte vital da cultura contemporânea popular, e encontrou um novo lar espiritual na aliança com as ideias da Nova Era — e, principalmente graças a Jung, toda uma nova linguagem e credibilidade psicológica. Floresce na cultura popular como nunca aconteceu antes, auxiliada pelo formato acessível das colunas de horóscopo e signos solares. É parte da religião nacional do século XXI, um elemento na mistura de crenças mantidas pelas pessoas comuns em oposição aos representantes da elite religiosa ou científica.

Alguns comentaristas classificam a astrologia como uma tentativa, à sua maneira, de criar um futuro melhor. Vários reivindicam que é uma manifestação da "modernidade em crise", um afastamento dos benefícios e lições esclarecedoras da cultura ocidental em direção a um passado supersticioso. Contudo, não é no papel da astrologia como uma ciência, magia ou psicologia, como uma arte moderna ou como superstição pós-moderna que reside seu apelo principal, mas como um sistema de pensamento que pode ser aplicado a tudo. Ela oferece um grande papel — uma "metanarrativa" — que pode ser usado para dar sentido a qualquer aspecto da vida humana. A previsão mais segura, baseada até agora na sua tenacidade, é que a astrologia continuará a se adaptar e a sobreviver.

Notas

1. A. Leo Oppenheim. "A Babylonian Diviner's Manual", *Journal of Near Eastern Studies*, vol. 33, janeiro-outubro de 1974, p. 204.
2. Alexander Roob. *Alchemy and Mysticism*, Londres/Nova York/Colônia, Taschen, 1997, p. 8-9.
3. Nicholas Campion. *Prophecy, Cosmology and the New Age Movement: The Extent and Nature of Contemporary Belief in Astrology*, tese de doutourado, University of West of England/Bath Spa University, 2004.
4. Ruth Rendell. *Thirteen Steps Down*, Londres, Hutchinson, 2004, p. 44.
5. Todas as estimativas sobre a crença na astrologia são de Nicholas Campion. *Prophecy, Cosmology and the New Age Movement: The Extent and Nature of Contemporary Belief in Astrology*, tese de doutourado, University of the West of England/Bath Spa University, 2004.
6. Nicholas Campion. *Prophecy, Cosmology and the New Age Movement: The Extent and Nature of Contemporary Belief in Astrology*, tese de dou-

tourado, University of the West of England/Bath Spa University, 2004.
7. Campion, *ib*.
8. Campion, *ib*.
9. C. G. Jung. "Psychotherapists or the Clergy", in *Psychology and Religion: East and West, Collected Works*, vol. 2, trad. R. F. C. Hull. Londres, Routledge and Kegan Paul, 1969, p. 330, 336.
10. "The Lady of the Evening", in Samuel Noah Kramer, e Diane Wolkstein. *Innana, Queen of Heaven and Earth: Her Stories and Hymns from Sumer*, Nova York, Harper and Rowe, 1983, p. 101.
11. Platão, *A República X*, 617E; ver também 619D.
12. Liz Greene. *Os Astros e o Amor*, Cultrix, 1992.
13. Ver texto e discussões online em http://www.catholic.com/library/astrology.asp; www.newadvent.org/summa/309505.htm
14. Rev. Lawrence Cassidy. "The Believing Christian as a Dedicated Astrologer", *Astrology Quarterly*, vol. 64, nº 3, verão de 1994, p. 3-13.
15. Jonathan Swift. "The Bickerstaff Papers", in *A Tale of a Tub, The Battle of the Books and Other Satires*, Londres, Dent, 1970, p. 197.
16. C. G. Jung. "Jung para Freud, 12 de junho de 1911", in *Cartas, 1906-1950*, vol. 1, Petrópolis, Vozes, 1992.
17. C. G. Jung. "Richard Wilhelm: In Memoriam", in *The Spirit in Man, Art and Literature, Collected Works*, vol.15, trad. R. F. C. Hull. Londres, Routledge and Kegan Paul, 1971, p. 56.

EM QUE ACREDITAM OS ASTRÓLOGOS?

18. Jung, *ib*.
19. C. G. Jung. "Wotan", in *Collected Works*, vol. 10, trad. R. F. C. Hull, Londres, Routledge and Kegan Paul, 1964, p. 189, 395.
20. James Hillman. *Re-Visioning Psychology*, Londres, Harper Collins, 1975, p. 104-105.
21. Margaret Hone. *The Modern Text Book of Astrology*, Londres, L. N. Fowler, 1973, p. 188; Charles Carter, *The Astrological Aspects*, Londres, L. N. Fowler, 1972, p. 74.
22. Penny Thornton. *With Love from Diana*, Nova York, Pocket Books, 1995.
23. Julius Firmicus Maternus. *Mathesis*, traduzido como *Ancient Astrology: Theory and Practice*, trad. Jean Rhys, Bram. Nova Jersey, Noyes Press, 1975, livro 3, cap. VI, p. 11.
24. C. G. Jung. "Richard Wilhelm: In Memoriam", *op. cit.*, p. 53-62.
25. John Green. *Dakota Days: The True Story of John Lennon's Final Years*, Nova York, St. Martin's Press, 1983; Robert, Rosen. *Nowhere Man: The Final Days of John Lennon*, Londres, Fusion Press, 2000.
26. Alexander Ruperti. *Meaning of Humanistic Astrology*, 2002, p. 3, ver em http://www.stand.cz/astrologie/czech/texty/rez-zru-a/rez-ru-a.htm, acessado em 25 de janeiro de 2003. Ver também Dane Rudhyar. *The Lunation Cycle: A Key to the Understanding of Personality*, Santa Fé, Aurora Press, 1967, p. 9, 12, 13.

27. C. G. Jung. "On the Nature of the Psyche", *Collected Works*, trad. R. F. C. Hull. Londres, Routledge and Kegan Paul, 1960, vol. 8, p. 195.
28. Larry Geller, Joel Spector e Patricia Romanowski, *If I Can Dream: Elvis' Own Story*, New York, Simon and Schuster, 1989.
29. Estas citações são do website devotado aos trabalhos de Rudhyar: http://www.khaldea.com/rudhyar/secretelvis.html, acessado em 1º de março de 2006.
30. Dane Rudhyar. *The Lunation Cycle: A Key to the Understanding of Personality*, Santa Fé, Aurora Press, 1967, p. 51.
31. Donald T. Regan. *For the Record: From Wall Street to Washington*, Londres, Arrow Books, 1988.
32. Joan Quigley. *"What Does Joan Say?": My Seven Years as White House Astrologer to Nancy and Ronald Reagan*, Nova York, Birch Lane Press, 1990, p. 95.
33. H. S. Green. *Mundane Astrology*, North Hollywood, Signs and Symbols, 1977, p. 21-22.
34. H. S. Green. *ib.*, p. 41.
35. Simo Parpola. *Letters from Assyrian and Babylonian Scholars*, Helsinque, Helsinki University Press, 1993, p. 46; Hermann Hunger. *Astrological Reports to Assyrian Kings*, Helsinque, Helsinki University Press, 1992, p. 320.
36. Richard Deacon. *The Israeli Secret Service*, Londres, Sphere, 1979, p. 314.
37. Richard Deacon, *ib.*
38. C. G. Jung. "Prefácio" in *I Ching, o Livro das Mutações*, Richard Wilhelm, São Paulo, Pensamento, 1995.

Glossário

Casa: O céu é dividido em doze segmentos, praticamente seis acima e seis abaixo do horizonte, cada um representando uma esfera diferente da vida (como emprego, dinheiro, família). São fixados pelo horizonte. Seis casas estão acima do horizonte, seis abaixo dele.

Constelação: Conglomerado de estrelas identificado como um grupo único que muitas vezes recebe o nome de um animal, pássaro ou peixe.

Estrela: Para os primeiros astrólogos uma estrela era um ponto de luz no céu, e os planetas eram incluídos nesta definição. A astronomia moderna define uma estrela como uma bola luminosa de gás que gera energia em seu núcleo através de reações nucleares. Na terminologia astronômica, o Sol é uma estrela, e na astrológica, ele é um planeta.

Horóscopo: Significa literalmente "observador da hora" e, originalmente, na astrologia grega, significava o grau do zodíaco que se elevava no horizonte oriental. As colunas modernas de astrologia com os doze signos publicadas nos jornais e revistas são conhecidas como horóscopos, porém para os astrólogos um horóscopo é um diagrama dos céus em um momento exato e uma localização precisa.

Planeta: Da palavra grega "andarilho", os planetas mencionados na antiga astrologia eram originalmente apenas os cinco que podiam ser vistos a olho nu: Mercúrio, Vênus, Marte, Júpiter e Saturno. A astrologia moderna inclui o Sol e a Lua como planetas e adiciona o trio moderno Urano, Netuno e o "neoplanetóide" Plutão.

Zodíaco: Literalmente um círculo de animais (a palavra partilha a mesma raiz de zoo). O zodíaco na astrologia ocidental é uma divisão do céu, baseada no caminho anual do Sol, em doze segmentos de mesmo tamanho derivados de doze constelações. Devido à precessão dos equinócios, os signos zodiacais e as constelações não estão mais interligados. O zodíaco indiano partilha as mesmas origens do ocidental, mas não corresponde exatamente a ele, enquanto que o sistema chinês, e os de outras culturas, são completamente diferentes.

Leituras adicionais

CAMPION, Nicholas. *The Ultimate Astrologer*. Londres: Rider Books, 2002. Um guia completo para o cálculo e interpretação dos mapas natais em estilo moderno.

CULVER, Roger B. e IANNA, Philip A. *Astrology: True or False? A Scientific Evaluation*. Edição revista. Nova York: Prometheus Books, 1988. Uma crítica cética da astrologia.

CURRY, Patrick e WILLIS, Roy. *Astrology, Science and Culture*. Oxford: Berg, 2004. Uma discussão inteligente e ponderada sobre a natureza da astrologia.

ELWELL, Dennis. *Cosmic Loom: The New Science of Astrology*. Londres: Unwin Hyman, 1987. Uma tentativa para fornecer um aspecto racional moderno para a astrologia.

GAUQUELIN, Michael. *The Cosmic Clocks: From Astrology to a Modern Science*. San Diego: Astro Computing Services, 1982. Uma visão geral das evidências da astrologia natural — ciclos e influências celestes.

GREENE, Liz. *Relating: An Astrological Guide to Living with Others on a Small Planet*. Londres: Coventure, 1977. Trabalho rico sobre a moderna astrologia psicológica.

HARRIS, Doug. *Occult Overviews and New Age Agendas: A Comprehensive Examination of Major Occult and New Age Groups*. Richmond: Reachout Trust, 1999. Inclui uma crítica cristã evangélica sobre a astrologia.

TESTER, Jim. *A History of Western Astrology*.Suffolk: Boydell Press, 1987. História útil da astrologia da época clássica até o século XVII.

Fontes de consulta para os horóscopos

Diana, princesa de Gales:
THORNTON, Penny. *With Love from Diana*. Nova York: Pocket Books, 1995.

Elvis Presley:
GELLER, Larry, SPECTOR, Joel e ROMANOWSKI, Patricia, *If I Can Dream: Elvis' Own Story*. Nova York: Simon and Schuster, 1989.

John Lennon:
GREEN, John. *Dakota Days: The True Story of John Lennon's Final Years*. Nova York: St. Martin's Press, 1983.

ROSEN, Robert. *Nowhere Man: The Final Days of John Lennon*. Londres: Fusion Press, 2000.

Ronald Reagan:
QUIGLEY, Joan. *'What Does Joan Say?': My Seven Years as White House Astrologer to Nancy and Ronald Reagan*. New York: Birch Lane Press, 1990. REGAN, Donald T. *For the Record: From Wall Street to Washington*. Londres: Arrow Books, 1988.

Israel:
DEACON, Richard. *The Israeli Secret Service*. Londres: Sphere, 1979.

Recursos na internet

www.astrologer.com/aanet
Astrological Association of Great Britain (AA).

www.astrology-and-science.com
Comentários críticos sobre astrologia.

www.astrozero.co.uk
Entrevistas, comentários e debates sobre astrologia.

www.kepler.edu/index.html
Kepler College. Aprendizado a distância. Graus de associado, bacharelado e mestrado em "Astrologia e Artes Liberais".

http://cultureandcosmos.com
Jornal acadêmico sobre história da astrologia.

www.astrology-research.net
Grupo de pesquisa para o estudo crítico da astrologia. Dados e resumos de artigos acadêmicos.

Índice Remissivo

acupuntura, 150
África, 24
Agostinho, Santo, 18
Agrippa, Henry Cornelius, 61
Alemanha, Nazismo, 130, 137
Allen, William Frederick *ver* Leo, Alan
Almagest (Ptolomeu), 44
almanaques, 65-6
análise do caráter, 113-125
Anthology (Vettius Valens), 51
Aquário, 38, 84, 88, 97
Aquário, Era de, 68
Aquino, Tomás de, 58
área econômica e a astrologia, 139-140
Áries
  características, 83, 85, 90
  compatibilidade, 97
  ligações com os planetas, 37, 38
  propriedades físicas, 53
Aristóteles, 58-51, 52

arquétipos, 46, 49, 76-8, 114-15, 117-18
ascendentes, 38, 92
Assíria, 135
asteroides, 93
astrologia babilônica, 13, 15, 33-8, 136
astrologia chinesa, 12-13, 24, 145-48, 150
astrologia horária, 121
astrologia indiana, 12, 15, 129-30, 141-45, 148-49
astrologia japonesa, 15, 23
astrologia judicial, 52-3
astrologia mundial, 127-41
astrologia natural, 52-3
astrologia popular, 148-55
astrologia
  como profissão, 149
  defensores famosos, 22
  definições, 14-17, 157
  etimologia, 11
  hostilidade e ceticismo, 17-20, 24

perfil do seguidor, 22-4
razão para crer, 25-7
RU estatísticas sobre a crença, 24-5
ativismo, 46

Baigent, Michael, 128
Bailey, Alice, 79
Balasi, 135
Barbault, André, 128
Barnum, efeito, 106
Bauman-Jung, Gret, 73
Beatles, 111-13
Bhutto, Zulfikar Ali, 129
Birmânia, 131, 148
Blavatsky, Helena Petrovna, 66, 78, 122
Bogart, Greg, 144-45
Bonatti, Guido, 49
Brasil, 24
Breton, André, 22, 152
Budismo, 47

Campion, Nicholas, 152
Câncer
  características, 83, 86, 101
  compatibilidade, 97
  ligações com os planetas, 37
  propriedades físicas, 53
Capricórnio
  características, 84, 88
  compatibilidade, 97
  escolha da carreira, efeitos dos planetas sobre, 109-10
  ligações com os planetas, 37, 38
carma, 69
Carter, Charles, 102
Carteret, Jean, 151-52
casamento: datação, 142
casas astrológicas, 54, 89-92
Causa Final, 49
Causa Formal, 49
causas, 49
Charles, príncipe de Gales, 99-100, 101-2
China: Revolução Cultural, 128
ciência e astrologia, 19, 160-61
Cristianismo
  AT — profetas e astrologia, 35
  compatibilidade, 97
  compostos, 96
  computadores e astrologia, 153-55
Copérnico, Nicolau, 65
Crawford, Arch, 140
Culpepper, Nicholas, 65
e astrologia, 17-19, 64
esotérico, 78-9

Daily Mail, 154
Darwin, Charles, 160
Dawkins, Richard, 18

Deacon, Richard, 137
Dee, John, 60, 97
Diana, princesa de Gales, 98-103

Egito: pirâmides, 13, 30
Eleições, 59-60
Elizabeth I, rainha, 60, 97
Elizabeth II, rainha, 97
Elizabeth, rainha, a Rainha-Mãe, 97
Elliot, Roger, 111-12
Enheduanna, 33
Entebe, ataque surpresa de, 136-39
eras astrológicas, 68
Escorpião
    características, 83, 87
    compatibilidade, 97
    ligações com os planetas, 38
Estados Unidos, 122-25, 132-36, 149
ética e astrologia, 159-61
Exaltação a Inana, 32-3

Feng Shui, 13
festivais, datação dos religiosos, 108, 142
Ficino, Marsilio, 63
Filosofia Oculta (Agrippa), 61
Firmicus Maternus, Julius, 100
Forrest, Steven, 149

França, 128-29
Freud, Sigmund, 72-3, 125

Galileu Galilei, 65
Gaulle, Charles de, 129
Gauquelin, Michel, 109
Geler, Larry, 122, 124
Gêmeos
    características, 83, 85
    compatibilidade, 97
    ligações com os planetas, 38
    propriedades físicas, 53
gênero e astrologia, 22-3
George, Demetra, 106
Ghandi, Indira, 129
Grande Cadeia do Ser, 61
Grande Pirâmide de Gizé, 13, 30
Green, H. S., 135
Green, John, 112
Greene, Liz, 49-50, 118
Gudeia, regente de Lagash, 32
Guerras civis inglesas, 65

Harvey, Charles, 84
Haushofer, Albrecht, 130
Hermes Trismegistus, 14
Hermetismo, 14, 48
Hess, Rudolf, 130
Hillman, James, 49, 78
Himmler, Heinrich, 130
Hinduísmo, 140-42
Holst, Gustav, 22

homeopatia, 150
horóscopo, colunas, *ver* signos solares, colunas
horóscopos mundiais, 59, 60
horóscopos
  e a medicina, 63
  e o tempo, 94-5
  e Ptolomeu, 53-4
  efeito segundo Leo, 70
  exemplos, 96-103, 110-14, 121-25, 131-39
  interpretação e cálculo, 81-103
  mapas natais, 82
  primeiros, 38
  tipos medievais, 58-60
Hughes, Ted, 22

I Ching, 74, 76, 152
Ideias platônicas, 45
Ikhwan al Safa, 61
Inana, 32
internet e astrologia, 154
Interrogações, 60
Irã — contra-ataque, 135
Isaías, 35
Ishtar, 32
Islã, 61
Israel, 137-38

Júlio II, papa, 60
Jung, Carl Gustav
  crenças, 71-9, 113-15, 117-18
  sobre o apelo da astrologia, 26-7
  sobre o I Ching, 152-53
  sobre o tempo, 108-9
Júpiter
  características e efeitos, 50, 83, 91, 110, 114
  conjunções com Saturno, 59
  e a astrologia mundial, 127
  e datação dos festivais religiosos, 142
  ligações com os signos zodiacais, 37
Justiniano, imperador romano, 42
Jyotish, 15, 140-41

Kumbha mela, 142
Knare, Roger, 152
Krafft, Karl, 130

Leão
  características, 64, 83, 86
  compatibilidade, 97
  e o Sol, 37
Lennon, John, 110-13
Leo, Alan (William Frederick Allen), 67-70, 78, 153
Libra
  características, 83, 87
  compatibilidade, 97
  ligações com os planetas, 37, 38

local de nascimento e horóscopos, 91
Lua
  características e efeitos, 52, 63, 83, 90, 110
  descida da Apolo, 50
  e a datação dos festivais religiosos, 108
  e as colunas de signos solares, 151
  ligações com os signos zodiacais, 37
  propriedades físicas, 53
  utilização de Rudhyar, 125
Luís XVI, 125

MacNeice, Louis, 22
magia, 63
"Manual do Divinador", 13-14
mapas de decúbito, 63
mapas natais, *ver* horóscopos
marés e a Lua, 52
Margaret, princesa, 97
Marte
  características e efeitos, 47-8, 63, 83, 91, 109, 114
  como arquétipo, 77
  como símbolo, 115
  ligações com objetos do dia a dia, 62
  ligações com os signos zodiacais, 37, 38
  propriedades físicas, 53

Marx, Karl, 125, 160
medicina e astrologia, 63, 150
Mercúrio
  como arquétipo, 77
  características, 83, 91, 109, 114
  ligações com os signos zodiacais, 37, 38
Meridian, Bill, 140
Michaels, Nicki, 134
Miller, Henry, 22
Mitraísmo, 48
Mitterand, François, 129
monumentos espirituais, 12, 30
moralidade e astrologia, 159-60
morte, previsão, 103
Morton, Andrew, 101
Mossad, 137-39
Movimento da Nova Era, 67-70, 79
Muktananda, Swami, 144
Mulheres
  e a crença na astrologia, 21-2
  primeiras astrólogas, 32-3
Munnabitu, 136

Nanshe, 32
Nascimentos, 60
Ne Win, 131
Netuno, 83, 90, 127-28

Onmyodo, 15
Ono, Yoko, 111-13
Os Astros e o Amor (Green), 49-50

Pang, May, 112
Paquistão, 129
Partridge, John, 65
Páscoa, 108
Peixes
  características, 84, 88
  compatibilidade, 97
  ligações com os planetas, 37, 38
Picatrix, 64
pirâmides, 13, 30
planetas
  aspectos planetários e horóscopos, 90
  características e efeitos, 47, 52, 82, 90, 109
  ciclos e conjunções, 59
  e astrologia mundial, 127-29
  e datação dos festivais religiosos, 108, 141-42
  e o zodíaco, 36-9
  e os arquétipos, 77-8
  e previsão, 94
  ligações com os objetos do dia a dia, 62
  pontos médios e horóscopos, 92-3
  propriedades físicas, 53

Platão, 41-9, 52
Plotino, 58
Plutão, 83, 127
Popper, Karl, 46, 160
precessão dos equinócios, 68
predestinação, 46, 50, 58-9
Presley, Elvis, 122-25
previsão
  astrologia de previsão, 105-113
  astrologia horária, 121
  e os planetas, 94
psicologia analítica, 26-7, 71-9
  astrologia como, 113-25
Ptolomeu, Cláudio, 17, 44, 51-4, 93
Pullman, Philip, 62

Quigley, Joan, 134-36

Raman, B. V., 75-6
Reagan, Nancy, 132, 134
Reagan, Ronald, 131-35
reencarnação, 69, 141-42
Regan, Donald, 132
Reino Unido, 60, 65, 97-103, 129, 148-55
relacionamentos e a astrologia, 97-102
religião
  budismo, 47
  crenças dos astrólogos, 79, 158-59

datação dos festivais, 108, 142
e astrologia, 17-19, 20-2
hinduísmo, 141-43
ver também cristianismo
Rendell, Ruth, 20
Rosen, Robert, 112
Rudhyar, Dane, 122-25
Ruperti, Alexander, 116-17

Sagan, Carl, 18
Sagitário
 características, 83, 87
 compatibilidade, 97
 ligações com os planetas, 38
Saturno
 características e efeitos, 83, 91, 110, 114
 como arquétipo, 77-8
 conjunções com Júpiter, 59
 e astrologia mundial, 127-29
 e datação dos festivais religiosos, 142
 ligações com os signos zodiacais, 37, 38
Segunda Guerra Mundial, 137
Seis Dias, Guerra dos, 137
serviços secretos e a astrologia, 137-39
Shakespeare, William, 96
signos de nascimento, *ver* signos solares

signos solares, 70, 84-9
signos solares, colunas, 25, 82, 150-53
símbolos, 114-15
sinastria, 96
sincronicidade, 74-6
Snow, C. P., 19
Sociedade Teosófica, 6, 70, 78-9
Sol
 características, 93, 90
 ligações com os signos zodiacais, 36
 propriedades físicas, 53
Spencer, Neil, 19
Sri Lanka, 131, 148
Steiner, Rudolf, 79
Strunckel, Shelley von, 120
Swift, Jonathan, 65

"Tábua das Esmeraldas", 14
Tempo
 datação dos eventos, 108, 142
 e horóscopos, 94-5
 visão da astrologia, 107-10, 158-59
teodicidade, e
Tessier, Elizabeth, 129
Tetrabiblos (Ptolomeu), 51, 93
Thatcher, Margaret, 129
Thornton, Penny, 98-103
Timeu (Platão), 42

Touro
  características, 83, 85
  compatibilidade, 97
  formato da constelação, 31
  ligações com os planetas, 37, 38
  propriedades físicas, 53

U Nu, 131
Ullal, Chakrapani, 144-45
União Soviética, colapso da, 128
Urano, 50, 83, 127

Vênus
  como arquétipo, 77
  características e efeitos, 47, 63, 83, 9, 114
  e primeiros astrólogos, 32-3
  ligações com os signos zodiacais, 37
Vettius Valens, 51
vir a ser, 45
Virgem
  características, 83, 86
  compatibilidade, 97
  ligações com os planetas, 37, 38

Walker, Patrick, 151
Weber, Max, 13, 27
Wilhelm, Richard, 73-4
Wittgenstein, Ludwig, 62
Wolfe, Toni, 73
Wulff, Wilhelm, 130

Yamani, xeque, 140
Yeats, W. B., 22
Yom Kippur, Guerra do, 137

Zia-ul-Haq, Muhammad, 131
Zodíaco
  associações dos signos, 83-90
  compatibilidade dos signos, 97
  indiano, 143
  propriedades físicas dos signos, 53
  ver também signos solares
  visão geral, 36-9
Zoroastrismo, 36

*O texto deste livro foi composto em Sabon,
desenho tipográfico de Jan Tschichold de 1964
baseado nos estudos de Claude Garamond e
Jacques Sabon no século XVI, em corpo 11/16.
Para títulos e destaques, foi utilizada a tipografia
Frutiger, desenhada por Adrian Frutiger em 1975.*

*A impressão se deu sobre papel off-white 80g/m²
pelo Sistema Cameron da Divisão Gráfica
da Distribuidora Record.*